国家出版基金项目
NATIONAL PUBLICATION FOUNDATION

国家“十三五”重点图书出版规划　广东省原创精品出版项目

中国房地产与宏观经济研究丛书

中国住房需求：结构分析与未来趋势

李超　著

China's Real Estate and Macroeconomic Studies Series

SPM
南方出版传媒
广东经济出版社
—广州—

图书在版编目（CIP）数据

中国住房需求：结构分析与未来趋势 / 李超著. —广州：广东经济出版社，2019. 2
ISBN 978 - 7 - 5454 - 6796 - 3

Ⅰ. ①中… Ⅱ. ①李… Ⅲ. ①住宅市场 - 市场需求分析 - 研究 - 中国 Ⅳ. ①F299. 233. 5

中国版本图书馆 CIP 数据核字（2019）第 186290 号

出 版 人：李 鹏
责任编辑：程梦菲
责任技编：陆俊帆
封面设计：朱晓艳

《中国住房需求：结构分析与未来趋势》
Zhongguo Zhufang Xuqiu：Jiegou Fenxi Yu Weilai Qushi
李超 著

出版发行	广东经济出版社（广州市环市东路水荫路 11 号 11 ~ 12 楼）
经销	全国新华书店
印刷	佛山市迎高彩印有限公司 （佛山市顺德区陈村镇广隆工业区兴业七路 9 号）
开本	787 毫米 × 1092 毫米 1/16
印张	14
字数	170 千字
版次	2019 年 2 月第 1 版
印次	2019 年 2 月第 1 次
书号	ISBN 978 - 7 - 5454 - 6796 - 3
定价	58. 80 元

广东经济出版社官方网站：**http://www.gebook.com** 微博：**http://e.weibo.com/gebook**
图书营销中心地址：广州市环市东路水荫路 11 号 11 楼
电话：（020）87393830 邮政编码：510075

目　录

第一章　导　论 ······ 001
一、问题的提出 ······ 001
（一）选题背景 ······ 001
（二）研究意义 ······ 003
二、研究内容与技术路线 ······ 005
（一）研究内容 ······ 005
（二）技术路线图 ······ 006

第二章　中国住房需求现状与变化趋势 ······ 008
一、住房需求总体走势 ······ 009
（一）市场周期性特征 ······ 009
（二）总体变化趋势 ······ 010
二、住房需求结构分化 ······ 013
（一）区域住房需求 ······ 013
（二）物业需求结构 ······ 016
（三）住房支付能力 ······ 019
三、存量住房需求 ······ 020
（一）二手房需求 ······ 020

（二）住房租赁需求 …………………………………………… 022
四、结论与政策启示 ……………………………………………… 028

第三章　住房刚性需求与改善性需求 …………………………… 031
一、两类住房需求整体市场表现 ……………………………… 031
（一）刚性需求市场表现 ……………………………………… 031
（二）改善性需求市场表现 …………………………………… 034
二、两类需求主体的基础构成 ………………………………… 037
（一）刚性需求群体构成 ……………………………………… 037
（二）改善性需求群体构成 …………………………………… 040
三、未来需求结构变化与对策建议 …………………………… 042
（一）需求结构演变 …………………………………………… 042
（二）政策启示 ………………………………………………… 044

第四章　投资投机性购房需求 …………………………………… 045
一、投资投机性购房需求总体走势 …………………………… 045
（一）整体市场表现 …………………………………………… 045
（二）总体变化趋势 …………………………………………… 047
二、需求释放的主要特点 ……………………………………… 053
（一）需求主体的投资选择 …………………………………… 053
（二）空间关联与投资轮动 …………………………………… 054
（三）需求释放的金融属性 …………………………………… 056
三、未来需求变化趋势与对策建议 …………………………… 059
（一）需求趋势演变 …………………………………………… 059
（二）政策启示 ………………………………………………… 060

第五章　学区房需求 …… 063
一、学区制与学区房现象 …… 064
（一）学区制的国际比较 …… 064
（二）针对发达国家的学区房研究 …… 066
（三）针对发展中国家和新兴市场的学区房研究 …… 068
二、学区房的溢价率测度 …… 070
（一）边界固定效应法 …… 071
（二）双重差分模型 …… 072
（三）工具变量法 …… 073
（四）空间计量经济模型 …… 073
（五）其他估计方法探索 …… 076
三、学区房对儿童成长的影响 …… 077
（一）政策实验 …… 078
（二）追踪研究 …… 079
四、结论与政策启示 …… 080

第六章　流动人口住房需求 …… 083
一、21 世纪以来人口流动格局 …… 083
（一）人口流动的户籍限制 …… 084
（二）人口流动的空间失衡 …… 087
二、流动人口住房现状与问题 …… 093
（一）农民工住房基本情况 …… 093
（二）面临的主要问题 …… 097
三、流动人口的购房决策：一个准自然实验 …… 101

（一）问题的提出 …………………………………………… 101
（二）政策回顾与研究设计 ……………………………… 102
（三）实证研究 …………………………………………… 109
四、结论与政策启示 …………………………………………… 115

第七章　人口结构对住房需求的影响 …………………………… 117
一、国内外研究进展 …………………………………………… 117
（一）人口自然结构视角 ………………………………… 118
（二）人口社会经济结构视角 …………………………… 120
（三）人口空间结构视角 ………………………………… 121
二、国际经验 …………………………………………………… 123
（一）国别研究 …………………………………………… 123
（二）比较研究 …………………………………………… 127
三、实证研究 …………………………………………………… 129
（一）模型设定和数据描述 ……………………………… 129
（二）计量结果与分析 …………………………………… 132
四、稳健性检验 ………………………………………………… 135
（一）模型和空间权重选取 ……………………………… 135
（二）解释变量回归参数的时空变化 …………………… 137
（三）人口结构的区域效应 ……………………………… 140
五、结论与对策建议 …………………………………………… 142

第八章　政策因素对住房需求的影响 …………………………… 144
一、生育政策调整 ……………………………………………… 144
（一）政策概述 …………………………………………… 144

（二）作用机制 …… 146
二、户籍制度改革 …… 148
（一）演化历程 …… 148
（二）作用机制 …… 152
三、房地产税征收 …… 154
（一）政策背景 …… 154
（二）作用机制 …… 155
四、发展租赁市场 …… 156
（一）政策背景 …… 156
（二）作用机制 …… 158
五、共有产权住房 …… 160
（一）国际经验 …… 160
（二）作用机制 …… 166
六、棚户区改造 …… 168
（一）政策背景 …… 168
（二）作用机制 …… 171
七、区域振兴规划 …… 174
（一）区域格局 …… 174
（二）作用机制 …… 178

第九章　中国住房需求未来变化趋势与对策建议 …… 179
一、情景模拟 …… 179
（一）情景设定 …… 180
（二）模拟预测 …… 182
二、住房需求未来走势 …… 184

（一）投资投机性需求 …………………………………… 185
（二）刚性需求 …………………………………………… 185
（三）改善性需求 ………………………………………… 186
（四）存量房需求 ………………………………………… 187
三、政策建议………………………………………………… 188
（一）加快推进房地产市场长效机制建设 ……………… 188
（二）适时适度调整现行生育政策 ……………………… 189
（三）加大户籍制度改革的力度和广度 ………………… 190
（四）加快推进学区制度和随迁子女教育政策改革 ……… 191
（五）拓宽完善城镇住房保障体系 ……………………… 191
（六）提升调控政策的精准识别度 ……………………… 192
（七）充分释放存量房市场供需活力 …………………… 193
（八）建立完善分类城市住房调控体系 ………………… 194

参考文献……………………………………………………… 196

第一章　导　论

一、问题的提出

（一）选题背景

自 1998 年住房市场化改革以来，由于经济的高速发展以及城镇化的快速推进，加上一系列人口结构和政策因素，导致了 2003 年以来我国住房需求的持续高涨。从全国住宅平均销售价格来看，2015 年住宅平均销售价格较 1998 年名义增长了 2.5 倍，剔除通货膨胀因素后的实际增长率也超过了 2 倍。2000—2015 年，我国一线城市商品住宅销售价格涨幅都超过 10%。与其他国际大都市进行比较，上海房价增长率比纽约和伦敦分别高出 9 个百分点和 5 个百分点，与香港亚洲金融危机前的增速持平。并且，自 21 世纪以来，我国商品住宅平均销售价格的年均涨幅比居民消费价格指数和固定资产价格指数都高出约 2.4 倍（郭克莎等，2018）。与此同时，伴随着空间集聚的不断加速，北京、上海、深圳等一线城市房价收入比甚至高达 24 倍，远远超出了普通城市居民的承受能力，并且近年来一线城市的房价收入比仍呈现出持续增加之势（见图 1－1）。从国际横向对比来看，中国的房价收入比不仅远高于美国、德国、日本等城市化水平较高的发达国家，甚至高于与我国发展阶段类似的发展中国家（如印度尼西亚等）（陆铭等，2014）。

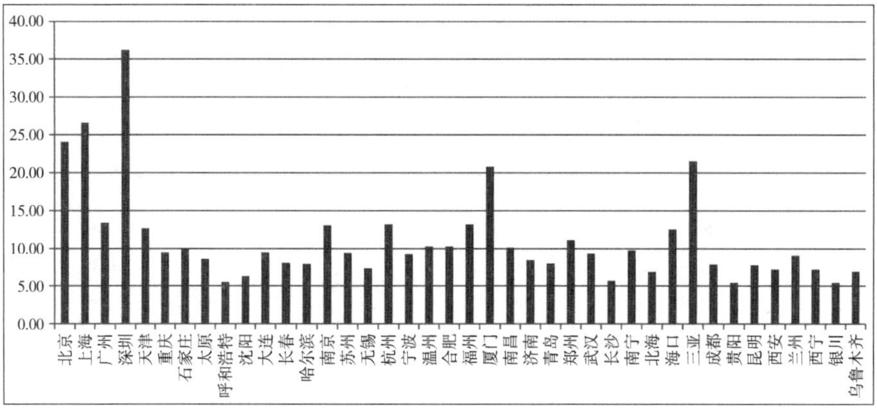

图 1－1　中国主要城市 2017 年房价收入比

数据来源：根据 Wind 数据库相关资料计算整理。

住房经济学理论认为，住房需求首先是对遮风避雨空间以及基础设施的需求，其次是对具有良好就业机会、公共服务和宜居特征的区位需求（Rosen，2002；郑思齐等，2012）。然而单就某一种需求状况而言，已经很难完全解释当前中国城市节节高升的房价。很多学者主要从土地、金融等外部因素进行解读，归纳起来大致有以下几种观点：第一种观点是土地资源稀缺论。该论点认为中国人多地少的国情以及一系列土地制度的约束性条件（特别是 18 亿亩耕地红线），导致了“地价推高房价”，而地方政府过度依赖土地财政及房地产开发流转环节的税收，客观上助推了房价的上涨幅度（高波，2014）。第二种观点是货币决定论。这种观点认为，中国过于宽松的货币政策和人民币升值造成的大量热钱应为当前的高房价负责（孔行等，2010）。第三种观点是从预期和投机的角度来分析房价上涨的原因。该论点认为，住房除了具有居住功能外，还是一种抗通胀能力强、保值率高的产品，许多人会在住、用的同时将房屋视为财富保值增值的工具。因此，房价高涨的主要原因是资产的升值预期和投机造成的（况伟大，2010；高波等，2013）。上述观点分别从各自的研究视角提供了深入的理论思考，具有一定的积极意义。然而，通过观测房价变化的周期性规律发现，其结构性上涨是在2003年以后发生的，而土地稀缺、人民币升值、预期和投机等因素在2003年前后却一直存在。也就是说，这些恒定变量并未能很好地解释房价在2003年前后出现的跳跃性变化。

（二）研究意义

Mankiw et al（1989）提出的“婴儿潮”概念为我们开启了住房需求研究的新视角。他们细致研究了美国1910—1983年“婴儿潮”的高峰和低谷期，并将人口结构与住房需求相联系，构建了以年龄为函数的住房需求模型，得出结论：在“婴儿潮”高峰的20年后，住房实际价格飞速上涨的主要原因在于在这段高峰期出生的婴儿在20年后开始集中进入住房市场，而20世纪70年代的生育低谷期将会导致90年代住房需求的增速放缓。但是，由于美国当时的住房市场还未对住房需求的下降做出充分反应，过度的房地产投资将会导致2007年前美国住房实际价格下降47%。Mankiw et al（1989）的研究结论一出，立即得到了Woodward（1991）的认同。McFadden（1994）通过研究美国住宅市场的历史数据表示，美国的人均住宅消费在战后“婴儿潮”高峰期的20年后上升速度十分明显，但在高峰期的50年后将会呈现下行趋势。事实上，大量研究表明，2007年美国次贷危机的集中爆发以及房地产泡沫的破灭，几乎与“婴儿潮”一代的成长周期一脉相承。从简要的逻辑结构审视中不难发现，通过人口为基础的结构分析来研究住房需求不失为一种新的理论视角。按照莫迪利安尼的生命周期消费理论，人在一生的不同阶段其消费需求和支出会呈现出不同特点。而从整个社会来看，其人口结构状况特别是不同年龄段人群的比例变化势必会影响全社会的消费需求状况。因此，从每一时期的人口结构变化来观测房地产市场走向一直被视为住房需求面评估的基本办法（袁力，2011）。

本书研究同样具有显见的政策意义。近几年来，关于中国经济房地产化的讨论不绝于耳。自1998年实行住房制度改革以来，遏制部分城市房价过快上涨的限贷、限购政策层出不穷，直至“国五条”及其实施细则颁布时达到顶峰。近十多年内，国务院先后多次召开常务会议专题研究房地产市场调控。然而在国家的宏观调控大势下，毋庸讳言的是近年来许多地方政府将政治锦标赛的重心放在片面追求GDP的总量增长上，而对事关广大人民福祉的住房问题没有给予足够重视。个别地方政府在“土地财政”的利益驱使下，对房价的过快上涨充耳不闻。不断攀升的房价甚至已经成为横亘在城市居民幸福感面前的一道有形门槛。林江等（2012）利用CGSS数据库的实证研究发现，住房价格、住房产权和住房质量均对城市居民主观幸福感产生了显著影响，房价上升幅度越大，居民幸福程度越低；居民幸福感的排序依次是拥有多套住房者、拥有一套住房者和租房者。中央电视台、国家统计局等机构针对全国10万户家庭的经济生活大调查也同样得出了类似的结论。既然住房问题已经成为影响中国经济转型和居民福祉提升的核心问题，那么为何在中央政府从严的调控政策下，中国的住房需求仍然居高不下？是否存在更优的调控手段和模式？围绕这两个问题，本书主要从结构视角对中国住房需求的现状与成因进行探讨，并从中获取有利于房地产市场健康发展的政策启示。

二、研究内容与技术路线

（一）研究内容

本书在梳理国内外文献的基础上，通过对近年来中国住房需求的基本面（包括住房刚性需求和改善性需求、投资投机性需求、学区房需求、流动人口住房需求）以及变化趋势进行系统分析，再利用面板数据和地理加权回归模型对中国城市住房需求的影响因素、时空效应以及未来的总体走势进行了综合考察。进一步在人口结构变化和政策影响因素的基础上，对未来的住房需求量和总体走势进行分析预测。根据实证研究和预测的结果，本书在各章节有针对性地提出了相关的政策建议。

全书章节安排如下：第一章，导论。提出研究背景、研究问题以及研究意义，阐述研究思路与框架、研究内容和研究方法。第二章，中国住房需求现状与变化趋势。结合数据对近年来中国住房需求的变化情况进行详细解读，并从中总结出中国住房需求变化的总体趋势。第三章，住房刚性需求与改善性需求。通过分析两类住房需求的整体市场表现、需求主体的基础构成，展望未来需求结构变化并提出相关对策建议。第四章，投资投机性购房需求。通过分析投资投机性购房需求的总体走势、需求释放的主要特点，展望未来投资投机性购房需求变化趋势并提出相关对策建议。第五章，学区房需求。从学区房的国别经验研究，我国学区房的市场走势、溢价率测度以及对儿童成长的长期影响出发，对学区政策和学区房研究的前沿进展进行了回顾与梳理，并结合既有研究和国际经验有针对性地提出有效解决我国学区房问题的现实路径和相关政策建议。第六章，流动人口住房需求。通过对 21 世纪以来人口流动格局和住房现状的梳理，结合随迁子女教育对农民工购房决策的影响分析，提出了有效解决我国随迁子女教育及流动人口住房问题的对策建议。第七章，人口结构对住房需求的影响。分析考察中国城市的常住人口和流动人口数量、居民的收入分配、人力资本状况、人口抚养比等人口结构指标对中国城市住房需求产生的影响，并进行稳健性检验。第八章，政策因素对住房需求的影响。通过对生育政策调整、户籍制度改革、房地产税征收、发展租赁市场和共有产权住房等对未来住房需求产生显著影响的重大政策变革进行分析，系统讨论了未来这些政策改革对住房需求产生的中长期影响。第九章，中国住房需求未来变化趋势与对策建议。结合情景模拟并综合考虑政策调整等制度变量的综合影响，对中国住房需求的未来走势进行分析预测，并提出相关的政策建议。

（二）技术路线图

本书从住房需求的现状出发，以各类住房需求的结构分析为基础，重点关注人口结构和政策因素对住房需求的中长期影响及相关应对措施。根据研究内容和章节安排，本书结构框架和技术路线如图 1－2 所示。

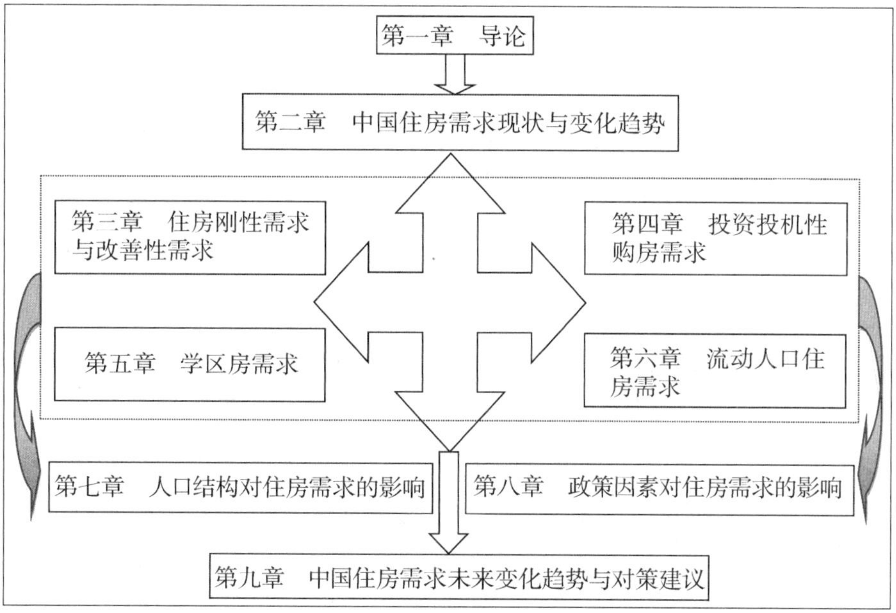

图 1－2　本书结构框架和技术路线

第二章　中国住房需求现状与变化趋势

住房需求一般可划分为刚性需求、改善性需求、投资性需求和住房租赁需求四大类型。作为传统的东方文明古国，以家庭为核心的社会基本结构决定了拥有“自己的房子”就拥有了“家”的情节深入中国居民的心。从家庭代际结构来看，由于计划生育政策的推行，当前的家庭结构呈现出小型化的特点。在房价上升预期的背景下，两代人的储蓄同时爆发性释放于当前的房地产市场，故而对当前的住房市场构成了很大的压力。其中，购置婚房的年轻人和新进入城镇的居民，理所当然地成了当前住房市场刚性需求和改善性需求的主力军，这两类购房需求在某种程度上具有同质性。与此同时，受实体经济回报率低、投资渠道不畅，以及住房对于中国家庭而言具有投资和居住的双重属性，许多家庭也选择将房产作为主要的资产配置手段和投资渠道。受户籍制度、调控政策和房价高企等因素的影响，住房租赁需求主体在流动人口较为集中的大中城市也较为突出。此外，诸如学区房等针对某些特定人群的需求模式也开始引起社会的广泛关注。

一、住房需求总体走势

（一）市场周期性特征

自 2012 年以来，房地产市场调控从单纯的经济、行政手段，逐渐转化为市场短期调控与长效机制建设并重。加上人口结构、房地产市场波动以及宏观经济政策的影响，住房需求的释放呈现出明显的周期性特征。特别是 2012 年以来，以同比增长率口径计算的新建住宅价格指数，带有明显的正弦函数波动趋势。住房需求的释放分别在 2013 年和 2016 年前后进入高位水平，在 2014 年下半年至 2015 年上半年进入近年来的一个低谷期。如图 2－1，自 2012 年来 70 个大中城市新建住宅价格指数同比与环比增长率变化趋势显示，同比增长率最高值出现在 2016 年 11 月和 12 月（均为 10.5%），同比增长率最低值出现在 2015 年 4 月（－6.3%）；环比增长率最高值出现在 2016 年 9 月（1.8%），环比增长率最低值出现在 2014 年 8 月（－1.1%）。

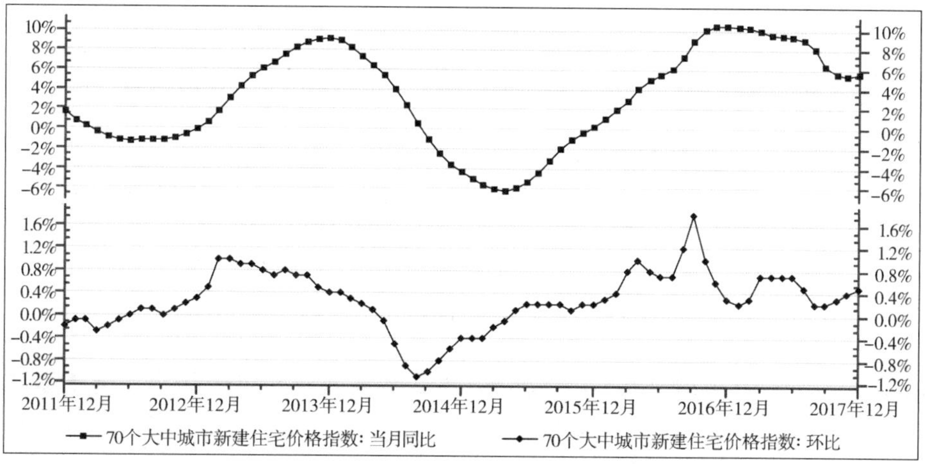

图 2－1　近年来 70 个大中城市新建住宅价格指数同比与环比增长率变化趋势

数据来源：根据国家统计局相关数据整理。

（二）总体变化趋势

2012 年中央对房地产调控政策的一个突出特点是“坚决抑制投资投机性需求，保护和鼓励刚性需求”，预示着中央政府遏制房价过快上涨的坚定决心。北京、上海、广州等地方政府也纷纷响应中央精神，重申从严执行楼市调控政策。在调控政策的影响下特别是随着住房公积金贷款规模和试点范围的扩大，住房的刚性需求得到了一定程度的释放。并且由于近年来积压的部分房源，刚性需求者有了更大的商品房挑选余地。在改善性需求方面，一线城市还是以低价、小户型住房为主，而在二线城市部分中大户型和高价住房开始热销。投资性购买者基本被强制性地挤出了一线城市的房地产市场，转战去了二、三线没有限购的中小城市。

随着国际国内经济形势的好转以及房地产宏观调控政策导致的部分需求观望者入市，2013 年新建住宅价格指数同比涨幅均高于近年来平均水平。虽然 2013 年较 2004—2009 年住房需求集中释放阶段的住房价格增幅有明显下降，但却是继 2010 年实施从严调控政策以来住房价格增幅相对最高的一年。本轮房价上涨主要由刚性需求的恐慌性入市所推动，由于许多大中城市实行了住房限购政策，投机性购房者被挤出，刚性需求者和改善性需求群体成为购房的主体人群。加之针对二手房出售的高税收政策使二手房市场的活跃程度下降，进一步加剧了供求矛盾。

自党的十八届三中全会首次明确提出市场决定性作用以来，2014 年的住房市场开始逐渐向稳定健康方向发展。从住房需求主体表现来看，购房者观望情绪浓厚、成交量持续不振，即便是被誉为“金九银十”的传统销售旺季也并未给萧条的楼市带来转机。从投资性和投机性需求来看，房地产投资的比例持续下降，表明了近期市场化的调控手段在对打击投资性需求上取得了一定的成效。由于房价下行预期依然强烈，市场主体的观望情绪浓郁，由购转租的需求量增加导致租赁市场开始活跃。总体来看，2014 年住房需求的释放进入近年来的低谷期。

为扭转 2014 年住房市场颓势，在促楼市消费政策方面，2015 年央行连续三次全面降低存款准备金率、四次下调存贷款基础利率。同时，为进一步释放购房需求，信贷、财政政策也陆续放宽。央行和银监会宣布放宽对于首套房的认定，使得改善性需求得以释放。2015 年 3 月 30 日，央行、住建部和银监会决定进一步降低首套及二套房首付比例，并将营业税免征年限放宽，使“卖旧房，换新房”的改善性购房方式可操作性更高，并在一定程度上刺激了改善性需求。2015 年 9 月 30 日，央行和银监会进一步降低非限购城市商业性个人住房贷款首付比例至 25%，多部门也出台调整房地产项目资本金比例、落实公积金异地贷款等政策。在中央和地方密集出台的一系列房地产市场宽松政策的刺激下，刚性需求和改善性需求得到了一定程度的释放，以一、二线住房需求较为旺盛的城市开始带动市场止跌回暖。

2016 年房地产的投资属性在上一年度的去库存和信贷政策刺激下开始凸显。一方面，房价和地价的过快上涨导致投资投机性需求迅速增加，地方政策基调也开始由刺激转变为收紧。在“地王效应”和投资投机性需求的带动下，部分热点城市的刚性需求和改善性需求群体开始恐慌性入市，整体上呈现出刚性、改善性、避险性和投资性需求叠加的现状，跨区域跨经济圈的投资轮动现象凸显。一线城市以及需求基本面较好的二线城市带动了楼市整体回暖，并呈现出过热发展态势。综合比较近年来新建住宅价格指数的环比增幅、同比增幅以及涨跌城市数，2016 年度可以说迎来了近年来最高的一波需求释放期。

进入 2017 年来，在住房市场短期调控与长效机制建设并重的大背景下，购房需求的过度释放很大程度上得到了有效遏制。特别是“3·17”新政以来，中央和地方在“房住不炒”的政策导向下，密集出台政策措施来重点调控投资性购房需求，并严控个人购房贷款新增额度占全部新增贷款的比重。加上各地限购限售、“冻房政策”、租赁住房、共有产权住房等政策措施陆续推行，住房市场需求主体逐步回归理性。在短期政策调控、长期政策预期和市场供需力量的共同作用下，重点城市的住房成交量持续回落，其中一线城市成交量降至近年同期最低，二、三线城市成交规模同比降幅明显。市场整体预期进一步稳定，住房自住属性进一步强化，住房租赁价格增幅出现回落。

2018 年总体延续上一年政策走势，在住房市场短期调控、长效机制建设与市场供需力量的共同作用下，主要城市购房需求得到平稳释放，住房市场需求主体逐步回归理性。特别是在宏观经济形势面临内外部双重压力、金融财政政策定向“宽松”的同时，2018 年 7 月 31 日中央政治局会议继续强调“下决心解决好房地产市场问题”“坚决遏制房价上涨”，释放了进一步稳定市场预期的坚定信号，住房自住属性进一步得到强化。租赁需求方面，由于个别城市中介平台年内违规操作哄抬房租、金融资本进入住房租赁市场，导致部分热点城市房租上涨较快、租房者支付压力增大，从而引发社会舆论广泛关注。经过政府相关部门的行政干预和中介行业自律的综合作用下，个别热点城市住房租赁价格短期内得到有效遏制。国家统计局的数据显示，2018 年 1—10 月全国商品住宅销售面积累计同比增长 2.8%，本轮周期内增幅一直处于近两年来的低位水平，市场销售规模继续呈现调整态势。从新建商品住宅价格指数同比增幅来看，尽管从 2018 年第三季度开始出现了温和上浮，但本轮周期内总体上同比增幅仍控制在 10% 以内。综合来看，本轮周期内住宅销售面积和销售价格在上一轮调控的基础上增幅继续回落，住房需求释放进入一个相对稳定的调整周期。

二、住房需求结构分化

（一）区域住房需求

近年来，在资本市场剧烈波动、宏观经济不确定性因素增加的影响下，不同类型城市由于潜在需求和库存水平差异较大，城市之间购房者的预期差异也非常明显。一线城市以及需求基本面较好的二线城市市场整体表现较好，并在某些年份呈现出过热发展态势，楼市调控也随之收紧，限购加码、限贷限价政策在一、二线城市相继出台；与此同时，大部分三、四线城市库存压力依然严峻，多管齐下去库存仍是此类城市调控政策的重点。

通过对比近年来的住房价格指数可以发现，中国住房市场的“大分化”时代已经来临，并呈现出明显加剧的态势。如图 2－2 所示，2012 年底至 2015 年上半年，一线城市与二、三线城市之间基本延续了同涨同跌的大趋势，在上涨期一线城市的涨幅要明显高于二、三线城市，在下跌期一线城市的跌幅要明显低于二、三线城市。进入 2015 年下半年后，一线城市的同比大幅上涨与二、三线城市的持续震荡之间形成了鲜明的对比，并且带动了二、三线城市在 2015 年底开始触底反弹。2016 年一线城市与二线城市开始大幅上涨，而三线城市则涨幅有限，去库存压力仍然很大。从 2017 年下半年开始，长期以一线城市大幅上涨与二、三线城市持续震荡之间的区域分化态势发生显著改观，二、三线城市涨幅开始高于一线城市。在中央和地方一系列的从严调控措施下，住房需求开始出现由一线城市逐渐向二、三线城市梯度释放的分化态势。总体而言，虽然货币、信贷等利好政策对全国整体市场均有影响，但由于一线城市和基本面较好的二线城市各类资源丰富、对人口吸引力较强，加上住房资源相对稀缺，住宅市场潜在需求较大，对调控政策的敏感度也最为强烈。

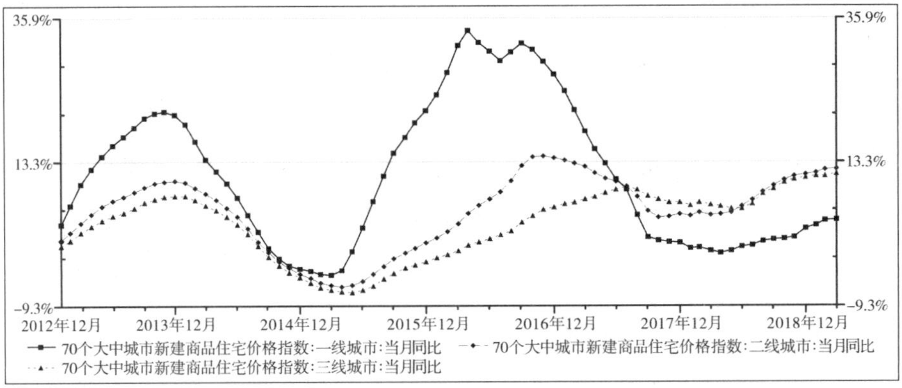

图 2-2　近年来 70 个大中城市新建商品住宅价格指数同比增幅变化：分一线、二线、三线城市

数据来源：根据国家统计局相关数据整理。

以 2015 年 10 月，70 个大中城市房地产销售情况为例，东部地区商品房销售面积和销售额在 1—10 月同比分别增长 9.3% 和 20.7%，中部地区同比分别增长 7.0% 和 9.5%，西部地区同比分别增长 3.9% 和 4.6%，同比增速呈现出东部、中部、西部递减的态势，东部地区的回暖势头明显要强于中西部地区。在资本市场剧烈波动、宏观不确定性增大的冲击下，不同类型城市由于潜在需求和库存水平差异较大，市场反应不一，城市之间购房者的预期差异也非常明显。2015 年 10 月中国指数研究院数据显示，一线城市住宅价格指数环比上涨 1.46%，二线城市住宅价格指数环比下降 0.22%，三线城市住宅价格指数环比上涨 0.05%。从去库存化速度来看，一线城市要明显高于二、三线城市，特别是三线城市仍然面临严峻的去库存压力。

2017 年下半年至 2018 年，一线城市领涨，二、三线城市持续震荡之间的区域分化态势发生了明显改变。在中央和地方一系列的从严调控措施以及棚改货币化政策等的影响下，住房需求释放开始由一线城市逐渐转移到二、三线城市。国家统计局数据显示，新建商品住宅价格指数同比增幅的排序分别是三线城市、二线城市和一线城市，呈现出明显的梯度差异。2018 年 9 月，一线城市新建商品住宅销售价格和二手住宅销售价格均出现 0.1% 的环比降幅，二、三线城市新建商品住宅和二手住宅销售价格的同比和环比涨幅出现回落。由于人口结构、供需矛盾和调控政策的差异，不同类型城市住房潜在需求和库存水平差异较大，城市之间购房者的预期差异和市场反应差异也非常明显。

从国家统计局公布的四大区域商品房销售状况来看，2016 年前三季度全国房地产销售情况也显示：东部地区商品房销售面积同比增长 29.3%，销售额同比增长 47.7%；中部地区商品房销售面积同比增长 32.7%，销售额同比增长 44.6%；西部地区商品房销售面积同比增长 16.4%，销售额同比增长 17.9%。东部地区和中部地区的房地产销售形势明显要好于西部地区。根据中国房地产指数系统对 100 个城市的全样本调查数据显示，2016 年前三季度，一线城市住宅价格累计上涨 20.96%，二线城市累计上涨 10.73%，三线城市累计上涨 7.93%。综合来看，东部、中部和西部地区以及一、二、三线城市之间，住房需求的释放呈现出显著的梯度差异。2018 年前三季度东部地区和东北地区商品房销售面积同比分别下降 4.3% 和 3.5%，中部地区和西部地区商品房销售面积同比增长 10.2% 和 8.9%。在中央和地方一系列的从严调控措施以及棚改货币化政策的影响下，住房需求释放开始由一线城市逐渐转移到二、三线城市，由东部发达地区转移到中西部欠发达地区，并呈现城市和区域之间轮动传导的新态势。区域市场分化态势的延续，会导致需求越旺盛的东部地区和重点城市限购政策越严格，而中西部地区和三线城市等限购政策相对宽松地区需求过度释放，面临住房空置率上升的隐忧。

（二）物业需求结构

受实体经济增速放缓，以及互联网和电商的兴起对传统购物营销模式的巨大冲击，住宅、办公楼和商业营业用房的物业需求结构也出现市场分化态势。从 2015 年第三季度开始，住宅的销售状况优于办公楼和商业营业用房的局面开始显现。住宅和办公楼的销售额增速要普遍高于销售面积增速，而商业营业用房销售面积和销售额则出现“一增一降”的变动趋势。从库存情况来看，2015 年 8 月底住宅待售面积相对于上月减少 194 万平方米，住宅库存量在年内首次出现下降的趋势。2015 年 9 月住宅库存量进一步减少 387 万平方米。与此同时，2015 年 8 月和 9 月办公楼待售面积分别相对于上月减少 7 万平方米和 71 万平方米，而商业营业用房待售面积分别增加 157 万平方米和 483 万平方米。总体而言，住宅的去库存化速度要高于办公楼，而商业营业用房的库存出现不降反增的趋势。如图 2－3 所示，从 2015 年 9 月十大城市商品房销售类型及环比变化中可以看出，大多数城市的住宅指数环比增幅要高于办公楼，办公楼指数环比增幅一般高于商业营业用房。特别是电子商务蓬勃发展的杭州市，其商业营业用房指数的环比跌幅高达－3. 87%，商品房的需求结构也出现了分化态势。

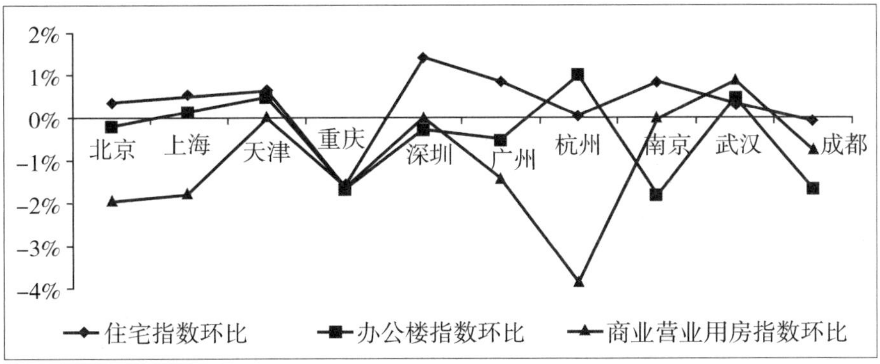

图 2－3 2015 年 9 月十大城市商品房销售类型及环比变化

数据来源：根据中指系统相关数据和 Wind 资讯整理。

物业需求结构的市场分化态势在 2016 年仍然得到延续。从前三季度的销售状况来看：住宅销售面积增长 27.1%，办公楼销售面积增长 33.5%，商业营业用房销售面积增长 19.0%；住宅销售额增长 43.2%，办公楼销售额增长 50.8%，商业营业用房销售额增长 21.7%。与此同时，2016 年 9 月末，住宅待售面积减少 1177 万平方米，办公楼待售面积减少 45 万平方米，商业营业用房待售面积减少 45 万平方米。总体上看，互联网和电商的兴起对传统购物营销模式造成巨大冲击，导致商业营业用房的销售面积和销售额增幅要明显低于住宅和办公楼的销售状况，办公楼的销售面积和销售额相比于上一年度有明显改观，但部分地区和城市办公楼的库存积压仍较为严重。而从 2017 年前三季度商品房销售的内部结构来看，办公楼和商业营业用房的销售面积分别增长 32.7% 和 23.7%，远高于前三季度住宅销售面积的增长率（7.6%）。但此轮周期内出现办公楼和商业营业用房销售状况显著优于住宅的现象，很大程度上受住宅调控政策的影响，导致投资投机性需求主体转移至办公楼和商业营业用房市场，而非办公楼和商业营业用房需求的实质性反弹回暖。

2017—2018 年，商品房销售出现结构调整，刚性需求得到一定程度释放。从商品房销售的内部结构来看，住宅的销售状况和去库存速度要明显优于办公楼和商业营业用房。2018 年前三季度，住宅销售面积增长 3.3%，办公楼销售面积下降 9.3%，商业营业用房销售面积下降 1.1%。从去库存量来看，2018 年 9 月末住宅待售面积减少 437 万平方米，办公楼待售面积减少 26 万平方米，商业营业用房待售面积减少 172 万平方米。从不同户型的新建商品住宅价格指数来看，总体上呈现出“户型面积越小，价格指数同比增幅越高”的新态势。刚性需求群体在本轮周期内得到一定程度释放，市场表现为 90 平方米及以下的小户型价格指数同比增幅最高（见图 2－4），另据我爱我家集团研究院统计，2018 年 10 月北京的二手住宅交易中，一居室和两居室占比分别高达 21.8% 和 59.6%，而三居室和四居室占比仅分别为 16.8% 和 1.8%，两居室成为今年北京二手住宅交易市场上最为畅销的户型。

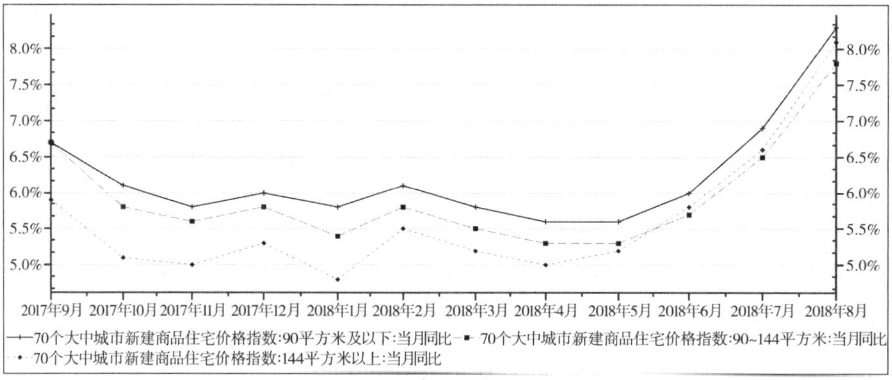

图 2－4　2017 年第四季度至 2018 年第三季度 70 个大中城市新建商品住宅价格指数同比增幅（按建筑面积分）

数据来源：根据国家统计局相关数据整理。

（三）住房支付能力

近年来，城镇居民收入增长幅度总体上要高于住房价格增长幅度，从某种程度上显示出城镇居民平均收入水平相对于住房价格而言住房支付能力有所提高，但是由于城镇居民收入差距和财产性收入分配的差距在持续扩大，越来越多的城市居民特别是北上广深等一线城市的常住居民感觉实际住房支付能力在持续下降。特别是高收入人群的地理集中也呈现出与人口流向一致的趋势。北京、广东、上海、浙江、江苏五省市不仅是全国跨省流动人口最集中的五个省市，同时也是高收入群体最为集中的五个省市。据第六次全国人口普查（以下简称“六普”）数据显示，北京、广东、上海、浙江、江苏五省市跨省流动人口占全国比例高达66.0%，全国其他地区跨省流动人口仅占34.0%（见图2－5，左）。同时，根据胡润研究院公布的2014年全国千万资产以上高净值人群报告显示，北京、广东、上海、浙江、江苏五省市2014年净资产达千万元以上的高收入人群占全国比例高达68.2%，全国其他地区千万资产

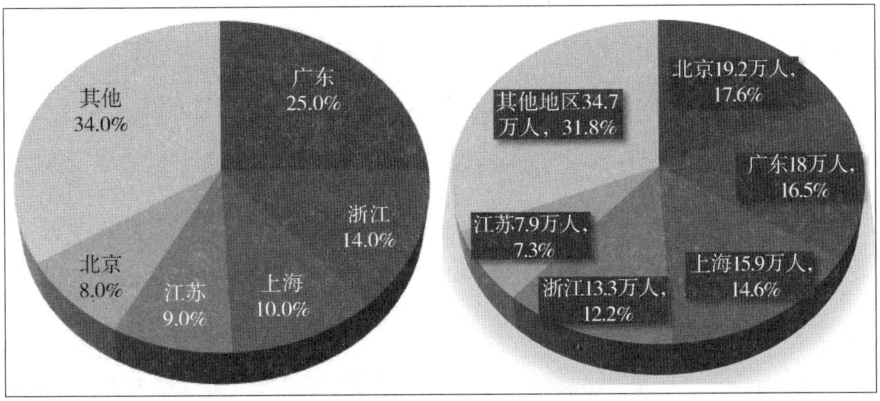

图2－5　“六普”跨省流动人口占全国的比例与千万资产以上人群地域分布

数据来源：胡润研究院、CREIS中指数据和国家统计局相关资料整理。

以上的高收入群体仅占31.8%（见图2-5，右）。高收入人群所拥有的是高端消费能力，同时他们对资产的保值和升值需求使得此类人群对高端住宅产品拥有较高的投资意愿。再加上外来人口形成的庞大刚需群体，会进一步加剧这些流入地区的住房供需矛盾。

三、存量住房需求

（一）二手房需求

中国住房市场经过十多年的快速发展之后，房地产市场增量开发幅度开始放缓，未来市场的复杂程度会大幅度提升。房地产市场的主要问题已经由长期以来的总量供给不足向结构性失调演变。根据第六次全国人口普查和近几年住房竣工等数据推算，2013年全国城镇户均住房在1.0套左右，城镇家庭的住房拥有率已达87%（CHFS，2014）。根据国家统计局数据资料，2016年全国居民人均住房建筑面积为40.8平方米，城镇居民人均住房建筑面积为36.6平方米，农村居民人均住房建筑面积为45.8平方米。已经与英国的人均35.4平方米和法国的人均35.2平方米基本相当，远高于日本的人均19.6平方米和韩国的人均19.8平方米。总体来看，中国住房市场供求状况已由供不应求向供求基本平衡转变，住房的总量供给不足的矛盾已经得到基本解决，但是东部地区和重点城市的局部供给矛盾依然存在。从发达国家的住房市场来看，房地产市场的快速发展时期一般出现在人口规模扩张而住房供给不足的时期。而一旦越过户均一套住宅的门限值后，房地产市场的扩张速度将会有所放缓。

近年来，伴随着房地产市场的不断发展，二手房市场也逐渐起步并快速发展，特别是在一线城市及部分发达的东部二线城市，由于城市中心区域土地供应的短缺，新房市场逐渐向近郊和远郊区县转移，而在中心城区或主城区，二手房成交量明显增加并逐渐成为市场的主流。2012年数据显示，包括北京在内的少数城市，二手房成交量已经超过或接近新房，同时这些城市也是全国二手房市场最为发达的区域，占全国的比重接近60%，其中4个一线城市即占到全国的近20%。从全国来看，40个大中城市之外的三线城市，目前依然处于新房市场快速发展的阶段，其市场规模从2008年的3.4亿平方米猛增到2011年的6.3亿平方米，占全国的比重达65%。2012年前三季度，十大城市累计成交二手住宅44.57万套，同比增长5.1%。从各季度来看，成交量回升显著：一季度共成交9.17万套，同比下降45.6%；二季度明显回升，共成交15.87万套，比一季度增长73.1%，同比增长14.0%；三季度继续增加到19.54万套，比二季度增长23.1%，同比大幅增长68.0%，绝对量达到2011年以来最高水平。北京、上海等地的二手房交易量也曾一度超过新房交易量。

为了应对20世纪80年代人口生育高峰期所带来的住房刚性需求的迅速增加，我国各级政府事实上主要采取了以新建住宅增量为主的调控方式。这种管理思路在过去十多年来供需不平衡时期可以说具有一定的合理性，也发挥了积极作用。但是，随着中国近些年来住房供给的持续增加，住房市场结构已经演变为巨大存量与有限增量的组合。据上海易居房地产研究院的监测数据显示，2014年9月重点观察的35个城市新建商品住宅库存总量为28013万平方米，环比增长4.0%，同比增长23.8%，达到阶段性高点。可以说，住房的总量供给不足矛盾已经得到基本解决，但是存量住房分配的不平衡现象却开始凸显，主要表现为多套房拥有率和住房空置率的走高以及刚需群体购房能力的相对不足。因此，在当前形势下，仍然坚持以增量为主的调控方式已不适应市场化需求，应保证在一定增量供给的前提下去积极盘活二手房市场。

（二）住房租赁需求

近年来，我国住房租赁市场快速发展，住房租赁规模逐步扩大。据统计，城市居民家庭通过租赁解决住房问题比例逐年上升，外来人口、农民工以及刚参加工作的大中专毕业生主要通过租赁方式解决住房问题。与此同时，住房租赁市场发展还不能完全适应经济社会发展的需要，存在供应总量不平衡、供应结构不合理、制度措施不完善，特别是供应主体较为单一等问题。受近年来城镇化进程加快以及大学扩招等因素影响，租房需求开始集中释放，供求矛盾加剧，而这一现象直接导致了租金价格的上涨。与此同时，上海、武汉等城市对胶囊房、群租房的集中整治也在客观上进一步加剧了住房租赁市场的供需矛盾。原本就供不应求的正规低价房房源出现告急，随着群租户的集中入市，租金趁机上涨也在所难免。

与租房需求总量大幅增长态势不同的是，全国新增租赁房源未能实现同步增长，住房租赁市场形成了需求旺盛而供给相对平稳的失衡状态。据58同城数据研究院发布的《2012年—2016年5年租房趋势报告》显示，2016年全国租房需求相比2012年增长102%，而出租房房源供应量则相比增长93%。而2012—2016年，北上广深四个一线城市租房需求增长了120%，成都、杭州、武汉、长沙、郑州等热点城市租房需求增长超过150%。所以，即便是在本轮周期内住宅销售市场不景气的情况下，住宅租赁市场仍保持了相对稳定的增长态势，只是相对而言房租涨幅有所回落。如图2－6，国家统计局的数据显示，2016年第四季度至2017年第三季度，除2016年12月和2017年1月租赁房房租环比增幅为 0 以外，其他月份均保持了正增长。与此同时，租赁房房租在 2016 年第四季度至 2017 年第三季度期间一直延续了 2.7% 以上的同比增幅。

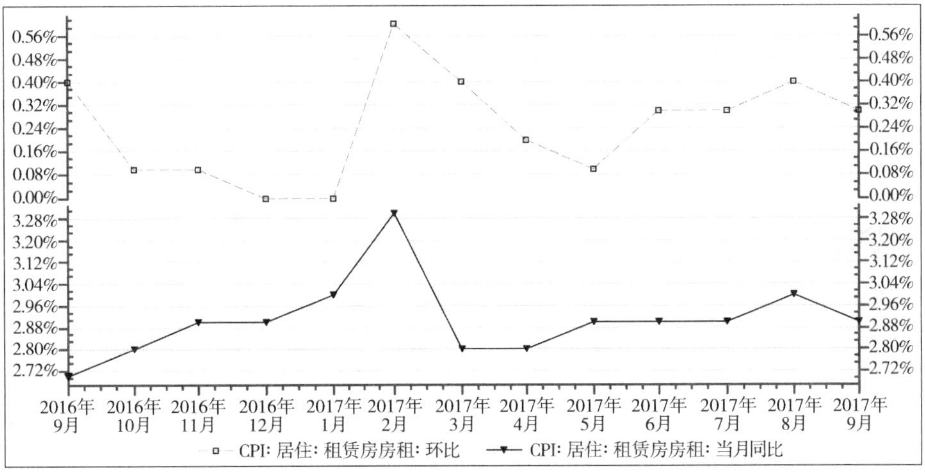

图 2－6　2016 年第四季度至 2017 年第三季度租赁房房租环比和同比涨幅趋势变化

数据来源：根据国家统计局相关数据整理。

2015 年 1 月 6 日，住建部发布《住房城乡建设部关于加快培育和发展住房租赁市场的指导意见》，指出要求用 3 年时间，基本形成渠道多元、总量平衡、结构合理、服务规范、制度健全的住房租赁市场，并鼓励开发商由售转租，倡导房地产开发企业将其持有房源向社会出租，并通过租赁市场筹集公共租赁房房源，同时支持地方回购商品房。随后，住建部、财政部、人民银行联合下发《关于放宽提取住房公积金支付房租条件的通知》，进一步加大对租赁市场的支持力度。上述一系列政策措施的出台，有利于进一步规范和促进住房租赁市场平稳运行，在一定程度上平抑房租上涨的势头。2017 年，国内 20 多个城市相继出台了租赁政策，主要集中在一线城市和住房供需矛盾相对突出的重点城市。中央连续印发《关于在人口净流入的大中城市加快发展住房租赁市场的通知》《利用集体建设用地建设租赁住房试点方案》，选取广州、深圳、南京、杭州等12个城市开展住房租赁市场试点。通过“租购同权”“只租不售”地块出让、利用集体建设用地建设租赁住房等租赁政策的相继出台，对所在城市的租赁市场产生了直接影响。截至2017年11月的不完全统计，上海、广州、深圳、杭州、珠海等5个城市在2017年内共推出了23宗纯租赁住宅用地，总面积达到205.06万平方米。从58同城数据研究院和安居客房产研究院联合监测的数据来看，2017年7—9月一线城市租房市场从租房人数到租金均有下降，北上广深四个一线城市的平均租金出现了7%～12%的跌幅。租赁政策的出台进一步规范了住房租赁市场秩序，稳定市场的同时也进一步增加了租赁房房源，对于有效抑制重点城市房租上涨态势起到了关键作用。但是短期来看，重点城市住房租赁市场的供需矛盾一时还难以得到根本性解决。平安好房研究院数据显示，2017年9月15个重点城市住房租金价格趋向稳定，但部分热点城市的住房租金价格仍相对较高（如图2－7所示）。

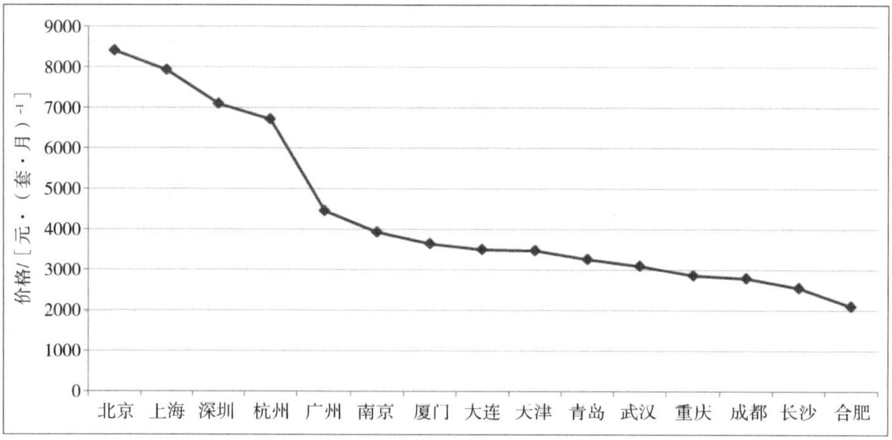

图2－7　2017年9月15个重点城市住房租金价格

数据来源：根据平安好房研究院数据整理，租金价格以2017年9月每套90平方米房屋为样本采集数据。

2018 年住房租赁需求的一个重要变化就是重点城市出现房租“跳涨”现象。2017 年第四季度至 2018 年第三季度，除个别月份租赁房房租环比增幅为零以外，其他月份均保持了正增长（见图 2 -8）。2018 年第三季度，北京、深圳、西安等热点城市租金上涨较快，并出现了个别中介平台违规操作哄抬房租、金融资本大举进入住房租赁市场等现象，开始引发社会广泛关注。经过相关部门的集中治理，部分热点城市房租的“跳涨”现象得到有效遏制。截至 2018 年 10 月 20 日，北京市有关部门约谈了自如租房、相寓、蛋壳公寓等 10 家住房租赁企业，累计完成公开承诺投放房源总量的 1.1 倍，从供给角度显著减轻了房租上涨压力。由于近年来中国住房市场的分化态势在进一步加剧，所以住房租赁市场的供需矛盾仍主要集中在人口压力较大的一、二线城市，热点城市的房租上涨并未在全国范围内形成蔓延之势（见图 2 -9）。与此同时，虽然自 2017 年来各大城市相继出台住房租赁支持政策，但是很多城市租赁住宅用地投放还未完全转化为有效供给，热点城市住房租赁市场的供需矛盾一时还难以得到根本解决。

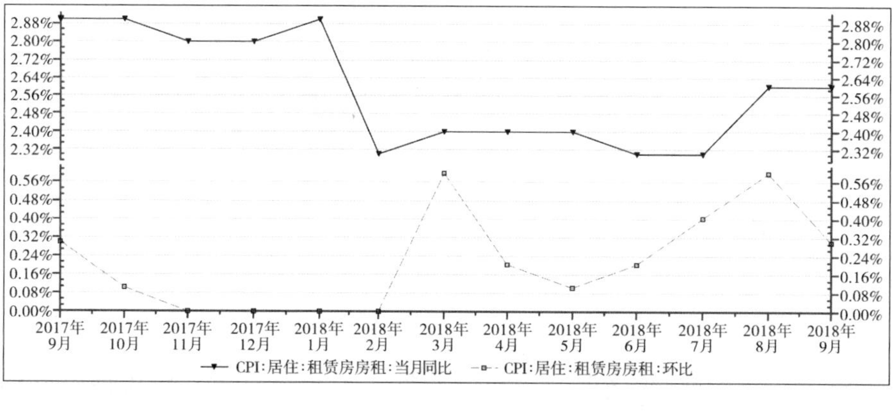

图 2 -8　2017 年第四季度至 2018 年第三季度租赁房房租环比和同比涨幅趋势变化

数据来源：根据国家统计局相关数据整理。

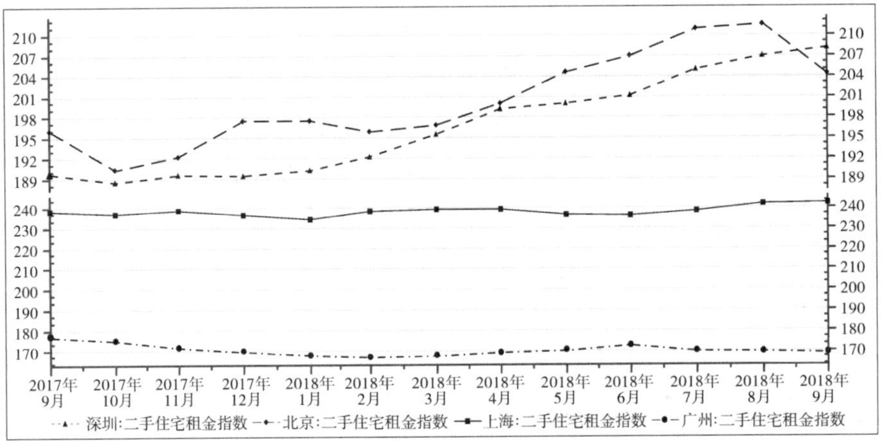

图 2-9　2017 年第四季度至 2018 年第三季度一线城市二手住宅租金指数（2004 年 5 月 =100）

数据来源：根据中原地产和 Wind 数据库相关资料信息整理。

综合来看，本轮周期内房租价格异动既有周期性因素，也存在一些制度性因素。首先，从需求主体来看，外来务工人员、毕业大学生和学区房择校家庭是当前租赁市场的三大主体。春节返城农民工需求释放主要集中在二三月份，毕业大学生和学区房择校家庭需求释放主要集中在七八月份，这样就导致了住房租赁市场的周期性上涨。从横向对比来看，由于我国住房租赁市场的结构性矛盾较为突出，导致供需矛盾和周期性因素影响要明显高于发达国家租赁市场（见图 2-10）。其次，部分重点城市推行“租购同权”改革、租房也可以获得学位的学区新政，导致学区房租赁需求升级并拉动部分片区和户型房租上涨。尽管一线城市住房存量能够满足住房需求，但市场上适合租房者租住的中小户型住房偏少，如北京市适合租房者的单房间、小面积户型占比不到 20%。最后，部分重点城市的功能疏解和群租房治理政策导致低端租赁房供给和需求减少。对群租房、地下室、胶囊房的集中整治，也在客观上进一步加剧了住房租赁市场的供需矛盾，原本就供不应求的正规低价房房源出现紧缺。

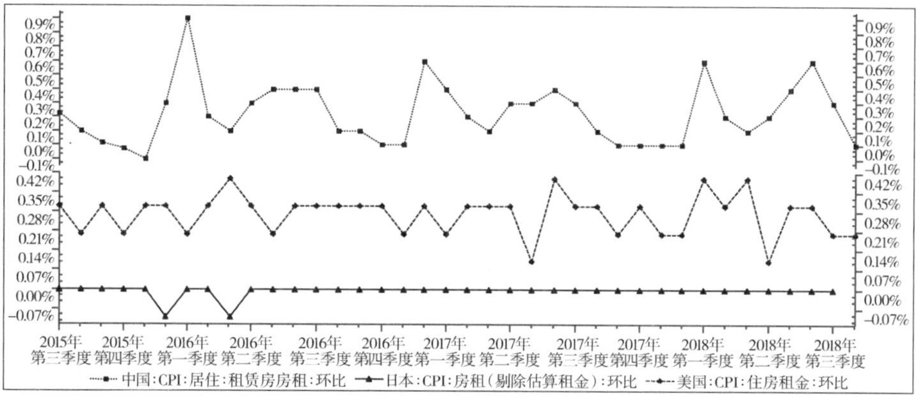

图 2－10　2015 年第三季度至 2018 年第三季度中美日三国房租环比增长率比较

数据来源：根据中原地产和 Wind 数据库相关资料信息整理。

与此同时，金融资本进入租赁市场和房租抵扣个税等政策，一定程度上影响了租赁市场预期。部分城市金融资本开始进入租赁市场，长租公寓等品质租赁房供给比例有所提升，这些在带动房租价格上涨的同时也在一定程度上影响了租房预期。党的十九大确定“房住不炒”的定位，要求大力发展租赁市场，各大中介机构平台利用这一政策利好加快融资，将中低端房改造升格为中高端房，品质提升的同时也带动了房租上涨。某些中介平台甚至借机大肆炒作和违规操作，如将公租房转包再出租、通过饥饿营销营造“一房难求”的假象。此外，个人所得税征收改革将住房租金可以在计税前扣除的政策也在一定程度上影响了房租价格预期（寇宗来，2018）。租客为了以房租抵税，就必然要求房东出具租房证明。那么，房东的房租收入要报税，税后所得会下降，这会进一步导致房租上涨。房租可以抵扣个税的预期，让很多私下进行的房屋租赁交易变成了需要缴纳个税的显性交易。今年以来，很多重点城市的房价虽然基本平稳或涨跌幅度不大，但是房租却猛涨，与预期中的税改加入房租抵扣有一定程度的关系。

四、结论与政策启示

从近年来中国住房需求变化趋势和需求主体的市场表现来看，区域分化现象仍将持续，结构性过剩与结构性短缺并存，宏观政策和调控尺度的稳健性对住房市场的均衡发展意义十分重大。因此，要根据房地产市场发展阶段的变化，以持续改善居民居住条件为目标，以调整市场供求关系为着力点，着重防范和化解房地产市场风险，将短期调控政策和长期发展政策有机结合起来。

一是需要加大住房市场信息采集和公开力度，加快推进房地产税立法和改革进程。一个公开、有效、透明的统计信息体系对住房市场的分析和政策的制定尤为重要，而不动产统一登记则是我国建立房地产长效调控机制的重要环节。第一，政府对市场的调控将更能抓住根本，使调控政策更加精准、有效，加速建设健康有序的房地产市场。第二，不动产统一登记为个人住房信息联网、房地产税改革提供基础。第三，不动产统一登记有助于遏制不合理的、过多的投资投机性需求，挤压市场存量房源，促使房地产市场回归理性。第四，不动产统一登记也使不动产交易过程更加透明、安全，有助于调动市场内在动力、合理需求平稳释放。在逐步完善不动产统一登记制度的同时，要建立和完善各有关调控部门的独立和联合新闻发布制度，及时公布政策信息和市场运行情况，杜绝房地产市场相关利益主体的炒作现象。此外，适时开征房地产税会在很大程度上增加投资投机者的持有成本，从而用市场化的方式来有效抑制这部分投资投机性需求。加快房地产税立法，可以进一步规范房地产市场相关主体的行为，避免出现“买涨不买跌”的房地产投资倾向，使得“楼市有风险、投资需谨慎”成为一种共识。房地产税立法要在保障基本居住需求的基础上，按照“轻交易、重保有”的总体原则，综合考虑房地产的价格、区位、面积、用途、年限和套型等因素，充分考虑各地的具体情况和各级各部门的主观诉求，确立合理、合法、合规的税率和征收额度，使得房地产税取代土地出让金成为地方财政收入的主要稳定来源，并发挥积极有效的调控作用。

二是按照“控一线、稳二线、盘活三四线”的调控思路，建立以人口基本面为导向的分类城市住房调控体系。中国住房市场的区域分化现象将会长期持续，城镇化的新态势将会引发不同等级的城市出现不同的市场特点，调控的力度和方式也需要有所差异。下一阶段的城市化将会导致人口的空间结构向东部沿海地区和大中城市倾斜，而三、四线城市的流入人口将会小于其迁出人口。因此，要加快形成以人口流入和流出为基本面的分类城市住房调控体系，有效解决住房需求的空间失配现象并预防住房市场的潜在风险。对于人口基本面较大、住房市场供需矛盾长期存在的一、二线城市，在用地指标、住房供给总量方面给予适当倾斜，而对于人口外流严重、住房市场供给过剩的三、四线城市，对供给端应该适当收紧。对于流动人口占比较高的城市，支持房地产开发企业改变经营方式，从单一的开发销售向租售并举模式转变，鼓励有条件的房地产开发企业，在新建商品房项目中长期持有部分房源，用于向市场租赁。针对低收入居民和流动人口推出“政府主导、市场参与”的安居住房体系，加大对城镇保障性住房和棚户区改造的建设力度，逐步实现“居有定所”的目标。针对老龄人口比例较高的城市，可以参照欧美发达国家反向住宅抵押贷款的运作模式，适度增加银色住宅和老年公寓的供应量，满足不同年龄段和健康状况老年人的住房服务消费需求。针对旅游型城市，可以结合当地旅游市场的周期性规律，增加旅游地产、酒店式公寓的开发比例，从而尽量增加住房的实际利用率。

三是改变以增量为主的调控方式，积极培育二手房市场和租赁市场。为了应对自2003年以来中国住房需求的持续高涨，中央和各级地方政府事实上采取了以增量调控为主的调控方式。这种调控管理思路在过去十多年来供需不平衡时期发挥了积极作用，大量新增住房在一定程度上满足了居高不下的住房刚性需求。但是，随着中国近些年来住房供给的持续增加，住房市场结构已经演变为巨大存量与有限增量的组合。从过去两年月度二手房交易量大于新房的城市逐渐增多的现象也可以看出，二手房市场和租赁市场是调剂城市住房需求余缺的一个十分有效的手段，房屋流转环节的手续费逐渐降低和住房公积金支付房租条件的逐步放宽，将是从存量调控为主转向增量调控为主的积极信号。

四是建立需求导向的房地产供给结构，积极消化市场积压库存。长期以来，“一刀切”的住房调控和供给政策导致了一、二线城市土地和住房供给不足，而三、四线城市土地和住房供给过剩的“结构性过剩与结构性短缺并存”现象。虽然近年来中央和地方高度重视，但在经济不景气时许多地方政府仍寄希望于房地产市场。这种现象必须在供给端进行有效调控和遏制。同时，针对2015年第三季度出现的商业营业用房库存迅速增加的现象，可以适时调整该类型商品房的供给量，必要时可以尝试“商改住”等房地产用途结构的调整。在土地审批环节，应该适时调整住宅用地与工业用地、商服用地的供给比例，根据经济发展和人口结构状况制定中长期的土地和房地产供给规划，有针对性地引导房地产开发企业建立供求基本平衡、结构优化合理的市场体系。

第三章　住房刚性需求与改善性需求

住房刚性需求和改善性需求群体是支撑房地产市场走势的主要载体，“保护和鼓励刚性需求和改善性需求”一直以来都是楼市调控政策的基本方针。近年来中央和地方相继出台支持政策，如2012年住房公积金贷款规模和试点范围的扩大，2015年央行连续降息降准、放宽对首套房的认定、降低首套及二套房首付比例、营业税免征年限放宽等政策，一定程度上保护了刚需并刺激了改善性需求。由于我国目前劳动年龄人口占比还位于历史高位水平，新型城镇化仍处于加速进程之中，住房刚性需求与改善性需求存在很大的释放空间。

一、两类住房需求整体市场表现

（一）刚性需求市场表现

由于我国当前的经济增长模式仍以劳动投入型为主，经济发展速度较快的城市和区域往往对劳动年龄人口吸引力相对较高，这种局面会加速中青年劳动力向沿海地区和中西部的中心城市集聚，进一步降低东部地区和中西部中心城市的人口抚养比并导致住房刚性需求的相对增加。并且，我国目前仍处于20世纪80年代生育高峰的滞后影响期内，“80

后”的婚房压力仍有进一步的释放空间。由于北上广深劳动年龄人口基本面依然存在，短期的市场调控很难起到立竿见影的效果。以2014年9月各城市的房价表现为例，北上广深等一线城市以及三亚、厦门、杭州等热点二线城市的房价分别位居全国各大城市前列，其中北京、上海、深圳的住房均价分别达到每平方米32281元、31859元和30168元，这与其绝对劳动人口占比[①]有很大关系（见图3－1）。

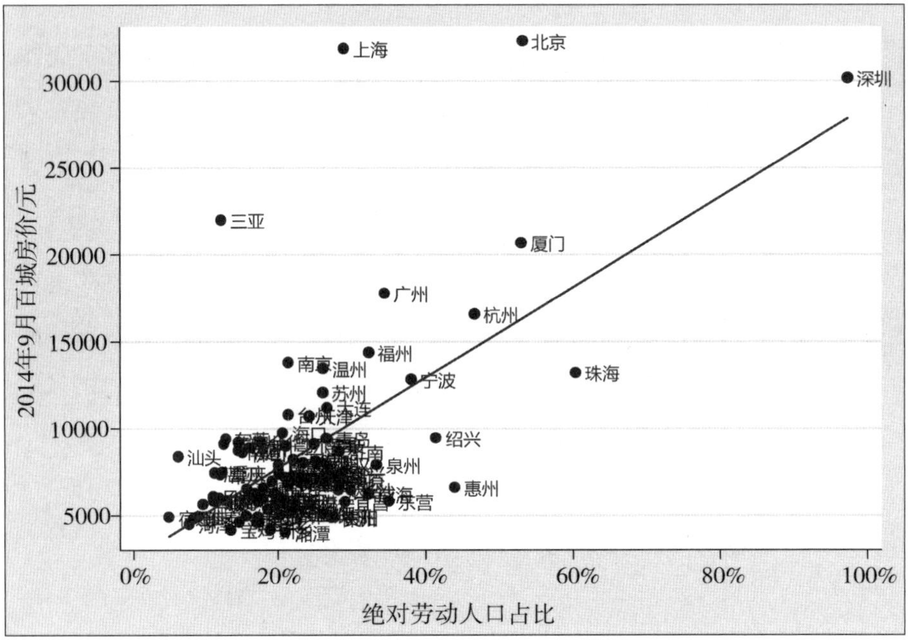

图3－1　刚性需求与主要城市房价相关关系

数据来源：根据中指系统相关数据整理。

如图3－2，从不同建筑面积的新建商品住宅价格指数来看，虽然各种户型面积住宅同比变化趋势较为接近，但在市场繁荣期的2013年

① 绝对劳动人口占比是指城市在业人口数量与城市常住人口数量之比。

和2016年前后，90平方米及以下小户型销售状况相对良好。由于一、二线热点城市居民普遍收入比较高，存在大量持币观望的刚性需求群体。在房价上涨的强烈预期下，这类刚性需求群体很容易被投资投机性需求所裹挟，从而引发各类需求主体的恐慌性入市。此外，“限购限贷松绑”、公积金异地接续等市场化调控手段，对于支持刚性需求进一步释放提供了政策空间，激活了一部分有意入市但困顿在首付款筹措环节的刚性需求群体。

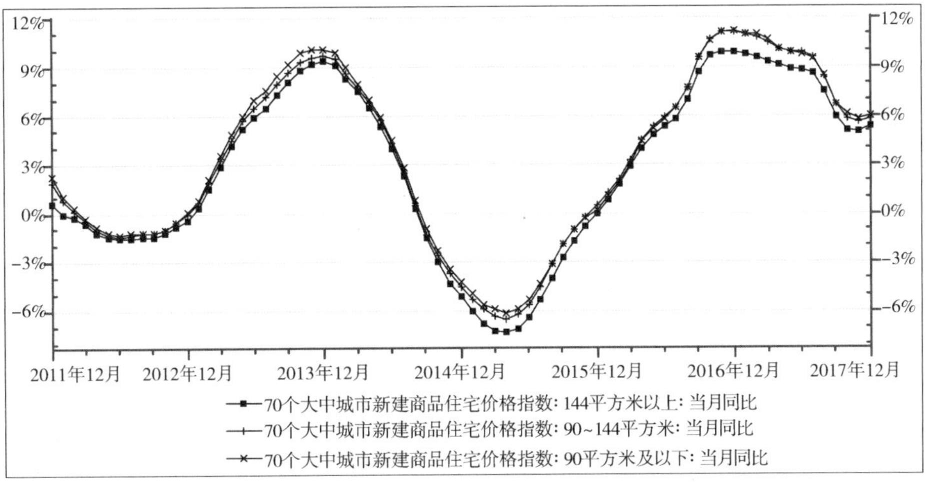

图3-2　70个大中城市分建筑面积的新建商品住宅价格指数同比变化趋势

数据来源：根据国家统计局相关数据资料整理。

虽然2017年中开始的楼市下行趋势导致农民工和城市“夹心层”的住房支付压力有所缓和，但受部分城市调控政策的影响，刚性需求释放受到一定程度的影响，农民工和城市“夹心层”的住房问题并未得到显著改善。融360发布的最新数据显示，2018年10月全国首套房贷款平均利率为5.71%。虽然房贷利率水平不及历史高点，但连续22个月环比上涨已经让刚需群体背上了沉重的房贷压力。另外，北京的公积金新政规定，“公积金贷款的额度与缴存年限挂钩（每缴存一年可贷10万元，最高可贷120万元）”，这导致了年轻刚需群体的公积金贷款使用额度大幅压缩。考虑到近些年来农民工家庭式迁移的比重逐步提高，农民工的住房需求问题与随迁子女的受教育问题等逐渐挂钩，需求的快速扩张与供给的相对紧缩和限制条件的相对增加，共同导致了农民工和城市“夹心层”等重点人群面临更加严峻的住房问题。

（二）改善性需求市场表现

城镇化的稳步推进催生了购房者对更好空间和区位的住宅需求偏好，计划生育的有序放开也增加了对大中户型住宅的需求量，并且由于现有存量住房的房屋质量和舒适度有很大提升空间，城市空间范围拓展带来的职住不平衡问题也逐渐凸显。因此，追求更好的区位条件和环境质量成为当前人们改善性需求的重要内容。在一线城市逐步进入存量房时代的背景下，新建住房的价格发现机制在逐渐向供应端偏移，土地价格的上涨使开发商不得不提升产品定位来实现盈利，这在很大程度上加速推高了高端住宅的比例。特别是在政策相对宽松的2012年和2015年，一线城市以及需求基本面较好的二线城市改善性需求进入集中释放期。即便是在购房者观望情绪浓厚的2014年，人口持续净流入的北上广深及部分热点二线城市，潜在改善性需求仍十分强劲。

以2012年为例，从第二季度开始各重点城市90平方米及以下小户型的成交占比均出现不同程度的下降，而中大户型占比则显著上升。如上海和青岛小户型占比分别比一季度下降7%和8%，上海小户型占比达到2011年以来的最低值，中等户型占比也略有回落，大户型占比相对于第一季度上升8%，为2011年以来的最高值。从2012年第二季度套均成交面积来看，北京、上海、天津、杭州四个城市分别为123平方米/套、121 平方米/套、105 平方米/套和 114 平方米/套，较一季度分别上升 3%、5%、3% 和 11%；其中天津二季度热销项目套均面积为 106 平方米，比一季度提高 7%，为 2011 年来的最高水平。从 2012 年上半年的中高端项目成交占比来看，北京、上海、青岛均出现上升趋势，其中上海 6 月的中高端成交面积占比上升到 25%，达到 2011 年以来最高点。

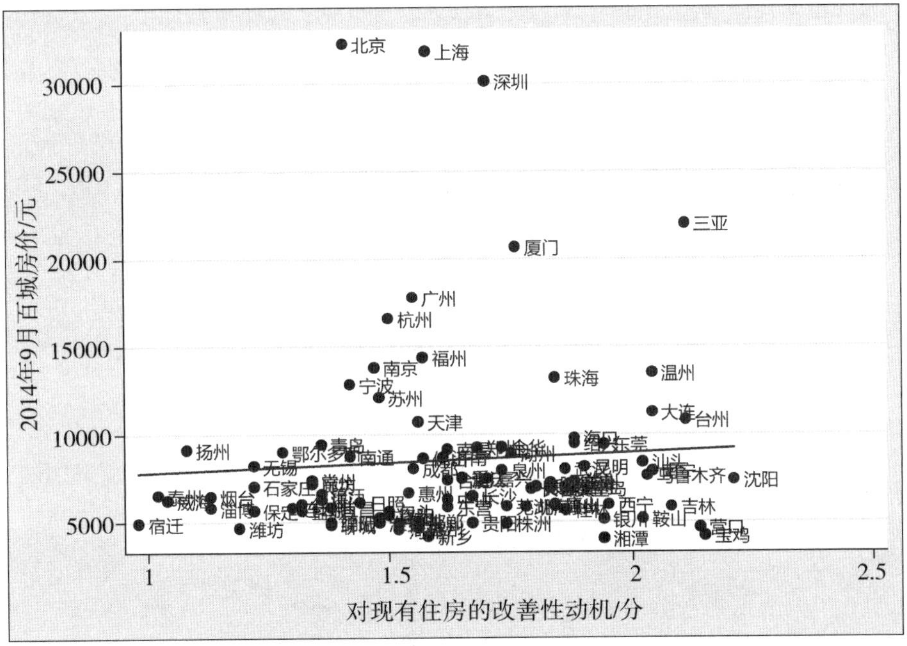

图 3－3　改善性需求与主要城市房价相关关系

数据来源：根据中指系统相关数据整理。

同样，2015 年以来的宽松政策给进一步释放改善性需求提供了很大空间。中央使用持续降准降息、降低首付、放宽公积金信贷门槛、取消限外令、降低房屋转让手续费等调控手段，进一步营造了宽松的市场环境。地方也持续出台公积金放松、财政补贴等一系列政策，刺激需求，促进库存去化。信贷政策的进一步放宽，将会有利于需要改善住房条件而被原有信贷政策限制的改善性需求群体。2015 年上半年，北上广深等一线城市高总价楼盘成交金额均出现同比增长，其中上海总价 1000 万元以上的楼盘共成交 2967 套，超过 2014 年全年水平，销售额同比增长 150%；北京和深圳高总价楼盘成交金额同比增幅也分别达到 64% 和 86%，而广州总价 600 万元以上的楼盘成交 1328 套，较 2014 年同期增加 175 套，销售金额同比增长 4%。从成交金额占比来看，京沪高总价楼盘成交金额占比较 2014 年上半年显著提升，分别达到 32% 和 27%，较 2014 年上半年分别提高 9% 和 8%。武汉、西安、青岛等需求基本面较好的二线城市也出现了大中户型热销的局面，西安市 2015 年上半年 90 平方米及以上户型成交占比已达到 60%。同样以青岛 2015 年前 8 个月的楼市销量为例，145 平方米及以上的房源销售套数同比增长 100%，120 ~ 144平方米的房源销售套数同比增长 87%，90 ~ 119 平方米房源销售套数同比增长 57%，而 90 平方米以下的户型销售套数同比增幅仅为 28%。如图 3 -4，从 2015 年“十一黄金周”主要城市房地

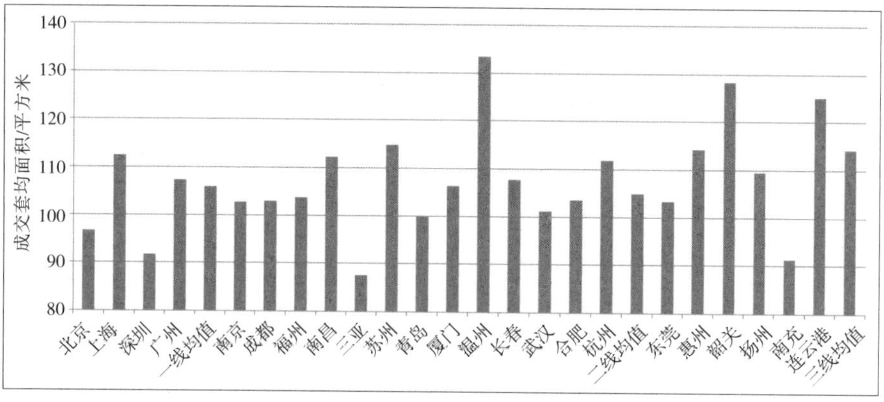

图 3 -4　2015 年“十一黄金周”主要城市房地产市场成交套均面积

数据来源：根据中指系统相关数据整理。

产市场成交套均面积来看，除三亚市的成交套均面积在90平方米以下，其他城市的成交套均面积均在90平方米以上，温州市的成交套均面积甚至超过了130平方米。而“十一黄金周”过后，大户型住宅销售增速有所回落。

二、两类需求主体的基础构成

（一）刚性需求群体构成

本章先简要回顾一下历年来我国人口出生率、死亡率和自然增长率的变动趋势。从图3－5中可以看出，在中华人民共和国成立初期的一段时间内，由于战乱结束以及社会秩序相对稳定，中国经历了一次生育率的高峰期（即“婴儿潮”），直至“三年经济困难时期”才停顿下来。但是，由于生活水平和医疗卫生状况相对低下，这段时间内的高生育率是与高死亡率相伴随的。因此，人口的自然增长率并不高，1960年甚至出现了4.57‰的负增长。当三年困难时期过后，中国人口又经历了一次报复性的增长，之后开始出现下行趋势，并一直持续到20世纪70年代末。从总体来看，这两次生育高峰均发生在1998年住房市场化改革以前，所以并未对住房市场产生结构性的影响。然而，在改革开放之后，随着人们生活水平的提高和医疗卫生事业的发展，中国的人口出生率迎来了一个新的高峰期，从1981年至1990年期间，人口出生率一直维持在20‰以上的高位运行，而同一时期的人口死亡率却一直保持在7‰以下。直到20世纪90年代，人口出生率才开始出现下行趋势。

通过对历年来中国人口周期的研究发现，这场发端于1980年并一直持续到20世纪90年代初期的“婴儿潮”有可能是导致2003年以来中国住房刚性需求持续高涨的重要原因之一。“80 后”在 1998 年住房市场化改革之初成年，并在 2003 年左右开始成家立业并集中进入住房市场，成为住房刚性需求的主体①。为了验证这一假设，我们通过综合比较中国的法定结婚年龄（男 22 岁，女 20 岁）②、大学生的平均毕业年龄（23 岁）和 2005 年中国平均初婚年龄（24.61 岁）③，设定 23 年作为“婴儿潮”对住房市场冲击的滞后期。之后，我们将滞后 23 年的“婴儿潮”分别与全国城镇新建住宅面积、住宅平均销售价格进行匹配分析（见图 3 -6），从中可以发现，三者在所考察的时间段内变化趋势几乎一致，这也进一步验证了 20 世纪 80 年代“婴儿潮”对当前的住房市场造成了巨大的外生冲击。

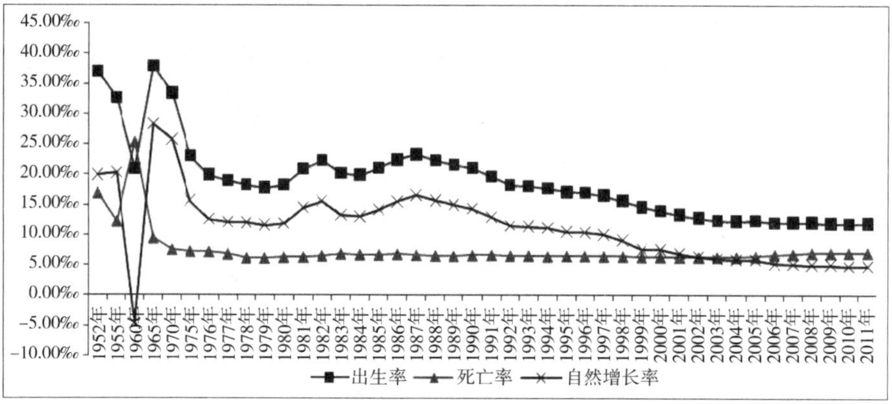

图 3 -5　中国历年人口出生率、死亡率和自然增长率变化趋势

---

① CHFS 数据显示，新增成年人所产生的住房需求占总住房需求的 31.86%，而新增农民工家庭所产生的住房需求占总住房需求的 33.77%（其中以新生代农民工为主）。据此估算，当前住房需求主体的 60% 左右为年轻人群（CHFS，2013）。调研机构莫尼塔认为，自 2006 年至 2011 年，若假定每一对新婚城镇居民都会形成一套住宅需求，则基于婚姻的需求能够占到每年实际成交住宅的一半以上。

② 《中华人民共和国婚姻法》第二章第六条，http://www.gov.cn/banshi/2005 -05/25/content_ 847.htm。

③ 来源于国家统计局 2005 年全国 1% 人口抽样调查的数据。

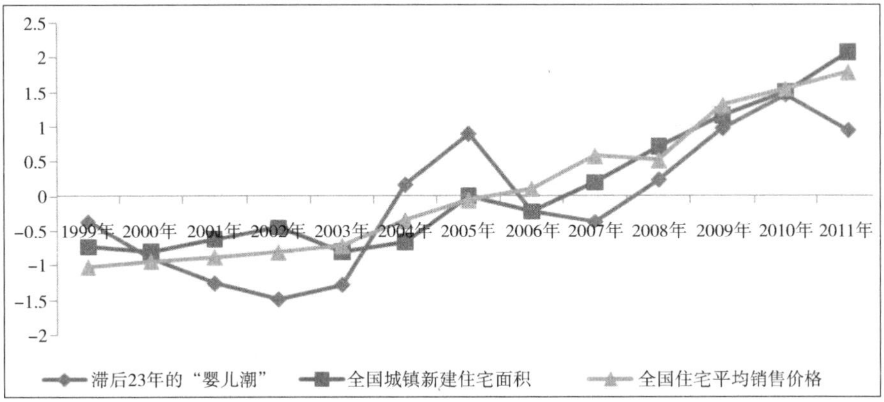

图3－6　滞后23年的“婴儿潮”与全国城镇新建住宅面积、住宅平均销售价格标准化拟合①

按照国际上通行的人口年龄结构划分类型，15～64岁被视为劳动年龄人口，0～14岁和65岁及以上则被视为非劳动年龄人口②。而我国通常将16周岁以上至60周岁以下（不含60周岁）视为劳动年龄人口。自2012年我国劳动年龄人口达到峰值以来，已经出现数量和比重上的逐年下滑趋势。2016年，我国16周岁以上至60周岁以下（不含60周岁）的劳动年龄人口90747万人，占总人口的比重为65.6%。但是从国际横向对比来看，2015年中国15～64岁劳动年龄人口总量为10.03亿人，仍是欧美发达国家总和的2倍，并且我国低于50%的人口总抚养比可以一直持续到2030年。如图3－7，从第六次全国人口普查数据来看，20～50岁的年龄段人口占比均处于高位水平，特别是在城

① 在图3－6中，滞后23年的“婴儿潮”用1976—1988年间的人口出生率表示，全国城镇新建住宅面积和住宅平均销售价格引自对应年度的《中国统计年鉴》。由于这三个指标量纲不同，为了统一口径比较三者之间的相对变化趋势，故本章做了均值为0、标准差为1的标准化处理。从图中可以看出，2003年以前，滞后23年的“婴儿潮”、全国城镇新建住宅面积和住宅平均销售价格均处于低位水平，而2003年以后开始呈现持续上升的趋势。

② 详见：《人口手册》（中译本）。

镇人口各年龄段人口占比中表现更为明显。劳动年龄人口的比例越高，意味着住房刚性需求群体越大。

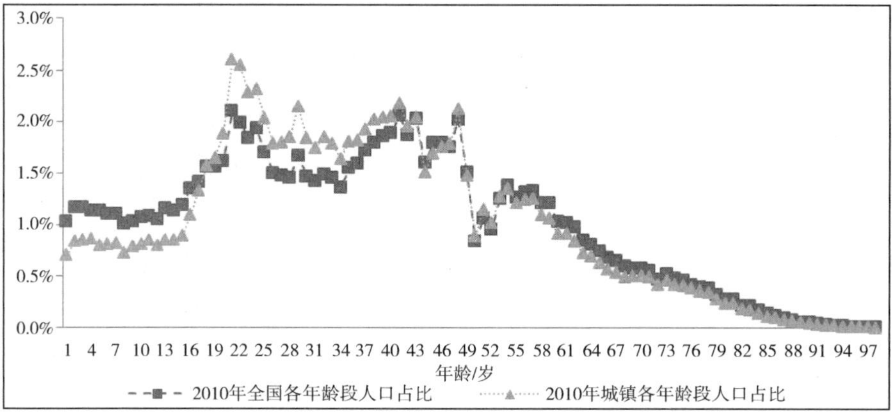

图3-7　2010年全国人口各年龄段人口占比与城镇人口各年龄段人口占比

数据来源：第六次全国人口普查、联合国经济和社会事务部《世界人口展望》2010年修订版。

（二）改善性需求群体构成

改善性需求群体主要对住房的区位或房屋质量具有一定的改善偏好，在很大程度上与刚性需求群体出现交叉。第六次全国人口普查数据显示，2010年我国城市家庭人均住房面积为29.2平方米，其中55%的家庭人均住房面积不足30平方米，这刺激了将来改善性需求的释放。即使不考虑外来人口，在未来若干年内全国城市现有居民至少还有7000万套以上的住房改善需求，是2011年城镇商品住房销售套数的7倍以上。与此同时，中国社会科学院城市与竞争力研究中心的一项全国性调查结果显示，城市居民对现有住房的满意度普遍偏低。在现有存量住宅中，住房成套率（同时拥有厨房和卫生间）只有80%。北京、上海及广东等东南沿海较发达地区的人均住房面积偏低，租赁住房比例高，自有住房比例低。这也就意味着，东部沿海三大经济区楼市的改善性需求群体更为庞大，住房改善的需求也更为强烈。此外，中国还有超过1200万户城镇低收入和少量中等偏下收入家庭居住在棚户区中[①]，各地还有不少“城中村”，城镇危旧房破旧拥挤，厨卫设施不全，有的甚至存在安全隐患。

改善性需求的另一主要群体是迁移人口。美国著名经济学家斯蒂格利茨（Joseph E. Stiglitz）曾断言，21世纪影响人类社会进步的两个关键因素分别是“美国的高科技”和“中国的城镇化”。自党的十八大以来，城镇化更被提升为国家的长远发展战略和未来中国经济增长的新引擎。至2017年末，我国常住人口城镇化率为58.52%，比2012年提高5.95个百分点。但是总体而言，我国常住人口城镇化率距离发达国家80%的平均水平还有很大差距，这也意味着城镇化特别是户籍人口的城镇化在我国未来的发展进程中仍然具有巨大潜力。

中国未来的城镇化格局将必然会影响到不同等级城市的住房需求格局。根据国际经验，可以将房价表现与人口流动的主导方向划分为四个阶段（见表3-1）。第一阶段：在城镇化率低于50%的时候，人口流动主要以农村人口进入城市为主，全国城市的房价涨幅总体应该比较接近，在末期大城市的房价会涨得更快一些；第二阶段：在城镇化率超过50%的时候，人口流动主要以小城市人口进入大城市为主，大城市的房价表现将显著优异；第三阶段：当城市人口超过70%之后，人口流动则以大城市城区人口迁入大城市郊区为主，大城市郊区的房价表现将会

① 该数据为2012年9月统计汇总数据。转引自《住房城乡建设部有关负责人谈棚户区改造情况》，中国城市低碳经济网2012年09月29日。

继续显著优异；第四阶段：郊区城市化形成“大都市圈”，大城市郊区的房价表现将会继续显著优异。与此同时，人口结构的趋势变化也可以佐证这一规律。21 世纪以来的首个 10 年，我国 100 万～500 万人口的大城市数目增加了 24 个，城市人口增长了近 6000 万人，中小城市（镇）所拥有的人口数在全部城镇人口中所占的比重甚至还有所下降。根据国际经验，当人口城镇化率超过 50% 时，人口由农村向城市流动的速度将减缓，而人口从小城市向大中城市集聚的状况将变得更加突出，下一阶段的迁移模式将会进一步导致人口的空间结构向东部地区和大中城市倾斜，改善性需求群体的角逐重点也将相应调整。

表 3－1　城市化阶段与房价表现

城市化率	人口流动主导方向	房价表现
<50%	从农村进入城市	全国城市的房价涨幅总体应该比较接近
>50%	从小城市进入大城市	大城市的房价表现将显著优异
>70%	从城区进入郊区	大城市郊区的房价表现将会继续显著优异
>70%	进入郊区	大城市郊区的房价表现将会继续显著优异

资料来源：招商证券研发中心。

三、未来需求结构变化与对策建议

（一）需求结构演变

从短期来看，虽然 2017 年以来热点城市房价水平涨幅回落，但仍超出许多刚性需求群体的购买支付能力。从长期来看，我国人口年龄结构将呈现出老年人口比例持续升高、中青年人口比例持续下降的局面

（见图3－8），人口因素产生的刚性需求对住房市场的支撑力度将会逐步减弱。2000年老龄人口每年仅增加280万人，2010年增加690万人，2030年将会增加1400万人。从总量来看，2030年60岁以上人口将可能会超过3.7亿人。根据发达国家的经验，人口抚养比的这种长期上升将会在一定程度上降低对住房的刚性需求。此外，由于住房刚性需求在近几年来的调控政策下已经得到很大程度释放，中国当前城镇家庭的住房自有率和人均住房面积已经接近或超过许多发达国家的水平。但受近期出台的“购租并举”“共有产权”等住房市场长效机制建设的影响，住房市场的刚性需求将会因各地政策的落地执行而出现需求增速缓慢回升的趋势，通过租赁市场和共有产权房等途径来实现刚性需求的“梯度释放”。

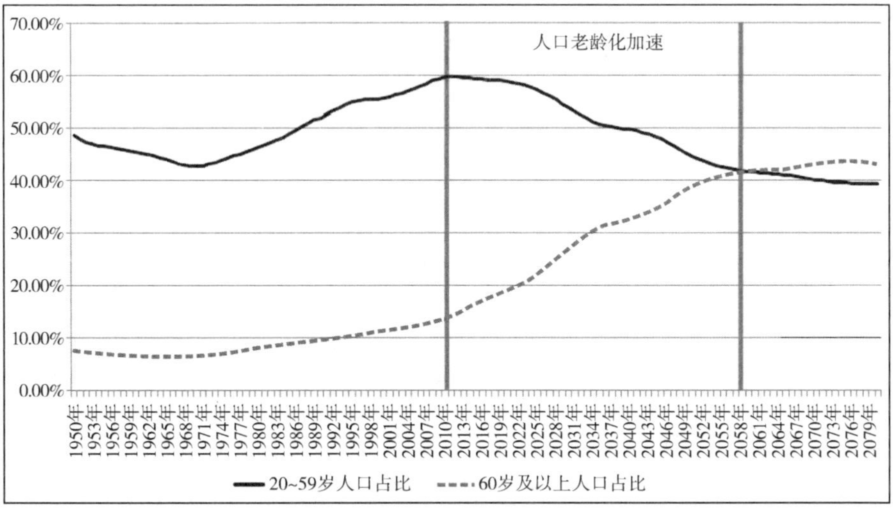

图3－8　中国劳动年龄人口占比与人口老龄化变化趋势

数据来源：根据诺亚财富和联合国人口司数据资料整理。

改善性需求群体由于买房的迫切性要低于刚性需求群体，其金融杠杆率一般要低于投资性需求群体。所以在2017年来的需求释放的过程中，改善性需求在一定程度上受到了投资性需求以及刚性需求的挤占，由此带来中小户型住宅销售状况要好于大户型住宅的市场表现。从中长期来看，由于在现有购房年龄人口中处于改善性需求群体的年龄段比例较高，二孩政策的滞后影响开始显现，存量住房的房屋质量和舒适度有很大提升空间。住房需求空间失配以及职住不平衡问题也将催生改善性需求的进一步释放。综合人口结构和市场周期来看，未来改善性需求释放将会逐步止跌回暖，成为未来中国住房需求结构的主体以及支撑市场走势的稳定载体。

（二）政策启示

综合来看，当前中国住房需求结构正逐渐由以刚性需求为主转变为以改善性需求为主。随着人口红利的逐步消失以及我国中产阶级群体的持续扩大，改善性需求将成为去库存化的重要抓手。与此同时，随着我国城乡住房总量供给不足的矛盾逐渐转变为结构性失衡的矛盾，积极主动的房地产调控政策需要进一步激活存量市场，充分利用金融、税收等政策杠杆，支持和保护有条件的居民持续换购住房的改善性住房需求行为。为此，要鼓励建立政策性中介机构，降低房地产交易环节税费，积极协调解决迁移人口的住房空间失配问题以及大城市居民的职住不平衡矛盾。针对部分改善性需求群体比例较高的城市，可以适当调整 90 平方米以上户型的楼盘供给比例。在住房增量供给比较紧张的城市，可以通过提升住宅质量、设计水平以及学校、医院等配套设施，来满足未来中产阶级群体壮大所带来的改善性需求提高。在供地结构和户型设计上，要充分考虑城镇化快速推进的阶段特点以及生育政策调整所带来的家庭人口结构变化，建立供需匹配、结构优化、功能完善的住房市场体系。

第四章　投资投机性购房需求

住房除了具有自住功能以外，其保值增值功能也是吸引投资者的主要因素之一。Siloas（2007）以及 Blow et al（2010）的研究表明，美国住房占家庭财富的比重在60%以上。2013年和2015年中国家庭金融调查的数据显示，住房平均占到中国家庭资产的2/3以上（李凤等，2016）。因此，抑制投资投机性需求一直是近年来房地产市场调控的核心任务。一般而言，投资投机性需求主体在专业知识和对房地产市场的把握判断方面要明显高于其他需求主体，并且在一定程度上能够影响舆论导向和未来市场预期，在同类购房需求群体中具有很强的示范效应。因此，投资投机性购房需求的大规模释放所带来的羊群效应很容易裹挟其他需求群体，导致许多热点城市楼市的整体杠杆率进一步上升，从而不利于房地产市场稳定健康发展。

一、投资投机性购房需求总体走势

（一）整体市场表现

近年来投资投机者活跃于住房市场的主要原因在于：住房市场整体上处于卖方市场，住房价格上涨的预期非常强烈，购买住房可以通过二次转手或出租牟取利益；加上股市、外汇和黄金市场等收益率较低而风险较高，在投资渠道选择不多时投资者会选择将大量资金投入房地产市场，推动了住房价格的进一步上涨和住房空置率的提高。据中国金融产品搜索平台银率网发布的第二期《中国居民金融能力报告》显示，房地产在各类投资产品中，于基金和股票之后位居第三。由于房地产对中国家庭而言具有投资和居住的双重属性，故而很多中国家庭将房地产作为家庭的重要资产配置。在17403户受访家庭中，有52.07%的家庭房产价值占总资产的一半以上，有16.19%的家庭房产价值占总资产的八成以上。从地区分布来看，北京、广州、上海、江苏、福建等房价较高的地区房产价值占总资产比例较高。另据西南财经大学中国家庭金融调查与研究中心的调查数据，2015年中国家庭总资产中房产占比达69.2%，比美国的2倍还高。

鉴于投资投机者的过度活跃对住房市场造成的不良影响，国家有关部门出台了一系列措施打击抑制这种投资投机性行为，一定程度上收到了很好的效果。从2011年上海和重庆开始试点对特定房产征收房产税开始，关于房地产税立法和征收时间、范围等内容也在讨论之中。尽管试点初期由于税率较低、覆盖范围窄，不会对市场产生显著影响，但其长期影响不容忽视。房地产税改革试点和相关配套制度的逐步实施，将优化房地产税收制度、平衡房产持有和交易环节税负，有助于促进公共财政制度的变革、进一步打击投资投机性行为，从而有利于完善我国房地产长效机制和市场健康发展。2018年7月底，中央政治局会议继续强调“下决心解决好房地产市场问题”“坚决遏制房价上涨”，释放了进一步稳定市场预期的坚定信号。受中央和地方调控政策的持续影响，投资投机性购房需求得到了有效遏制。作为全国楼市风向标的北京市，在从严的调控政策影响下，年内房价预期指数一路走低，已降至2016

年的同期水平（见图4－1），这在一定程度上反映了限购限售政策的调控效果。

图4－1 2016年第四季度至2018年第三季度北京市房价预期指数（2016年＝100）

数据来源：根据Wind数据库相关资料信息整理。

（二）总体变化趋势

中国人民银行发布的各年度全国储户问卷调查报告显示，从2012年第一季度开始，未来3个月中准备购房的居民人数开始小幅反弹。但是从长期来看，房地产的调控政策已经影响到居民的购房预期，特别是投资投机性需求。2012年第一、第二季度，认为房价“高，难以接受”的居民比例分别高达67.7%和68.5%；与此同时，居民选择房地产投资作为投资手段的比例，从2011年第三季度开始持续下降，表明了2012年的房地产调控政策在打击投资需求上取得了一定的成效。但从总体上看，由于股市长期低迷没有财富效应，外汇和黄金市场波动频繁，风险较高，使得投资人在投资渠道选择不多的前提下依然执着于房地产投资。因此，从城镇储户问卷调查的数据来看，房地产投资意愿下降的幅度并不高，并在2012年初有小幅反弹的态势。

2013 年第四季度到 2014 年第三季度，被调查城镇储户中认为房价“高，难以接受”的比例整体上呈现出下降之势，在 2014 年第三季度跌破 60% 大关。选择“可以接受”和“令人满意”的比例在本轮周期中呈现出上升之势，但“令人满意”的程度仍整体偏低。在储户对房价的整体满意度提升之时，倾向于更多房地产投资的比例却在下降，并且大大低于 2013 年同期水平。在 2014 年第三季度，房地产投资甚至未能进入居民首选投资方式的前三位。这也体现了民众买涨不买跌的投资心理，同时也表明了近年市场化的调控手段在对打击投资投机需求上取得了一定的成效。在对住房价格的预期上，认为未来住房价格将会“上涨”的储户比例也呈现出明显下降的趋势，在 2014 年第三季度跌到 19.2%；而认为未来住房价格将“基本不变”和“下降”的储户比例则呈现出明显上升的态势，表明房价的平稳和下行将是大势所趋。进入 2014 年以来，与房地产投资倾向逐渐降低形成鲜明对照的是，未来 3 个月内准备出手购买住房的储户比例均高于 2013 年同期水平。

2014 年第四季度到 2015 年第三季度，被调查城镇储户中认为目前房价“高，难以接受”的比例从 2014 年第四季度的 58.8% 逐渐降低至 2015 年第三季度的 49.7%，对目前房价认为“可以接受”的比例从 2014 年第四季度的 37.6% 逐渐上升至 2015 年第三季度的 46.5%，储户中认为当前房价“令人满意”的比例基本上在 3.6% 至 4.1% 之间徘徊。在被调查储户对当前房价的可接受比例逐步提高的同时，倾向于更多房地产投资的比例却始终较低，并且大大低于近年来的同期水平。从 2014 年第四季度至 2015 年第三季度，“倾向于更多房地产投资”的储户比例始终未能进入居民首选投资方式的前三位，位于“基金及理财产品”“债券”“股票”和“实业投资”等投资方式之后，这也体现了居民买涨不买跌的房地产投资心理，同时也表明了近年市场化的调控手段对抑制投资投机性需求取得了一定的效果。在对住房价格的预期上，认为未来住房价格将会“上涨”的储户比例在2015年第一季度跌入低谷以来开始逐渐反弹，到2015年第三季度回升至18.7%，与过去一年的房地产市场周期基本吻合。认为房价“基本不变”的储户比例占一半以上，表明房价的平稳和小幅上升将是大势所趋。与房地产投资倾向位于较低水平形成鲜明对比的是，未来3个月内准备买房的储户比例与2014年同期大致相当。

2015年第四季度到2016年第三季度，被调查城镇储户中认为目前房价“高，难以接受”的比例，从2016年第一季度见底后开始逐渐增至2016年第三季度的53.7%高位。对目前房价认为“可以接受”的比例，从2016年第一季度的45.7%逐渐降至2016年第三季度的42.9%。储户中认为当前房价“令人满意”的比例基本上在3.2%至3.8%之间徘徊，满意率低于2015年同期。在被调查储户对预期房价看涨的同时，倾向于更多房地产投资的比例却仍未进入居民最偏爱的前三位投资方式，位于“基金及理财产品”“债券”“股票”和“实业投资”等投资方式之后。在对住房价格的预期上，认为未来住房价格将会“上涨”的储户比例在2016年第一季度跌入低谷以来开始快速反弹，到2016年第三季度回升至23.1%，与过去一年的房地产市场周期基本吻合。2016年第三季度，对预期房价看跌的储户比例达到11.9%的最低水平。与房地产投资倾向位于较低水平形成鲜明对比的是，未来3个月内准备买房的储户比例从2016年第一季度后开始迅速增加，达到第三季度的16.3%高位。综合来看，随着2016年第一季度房地产市场回暖，储户的房价预期和购房意愿随之上升。

2016年第四季度到2017年第三季度，居民偏爱的前三位投资方式依次为：“银行、证券、保险公司理财产品”“基金信托产品”和“股票”，倾向于更多房地产投资的储户比例位于近年来的较低水平。虽然全国总体房价走势在趋向回落，但是认为预期房价上涨的储户比例从2016 年第四季度的26.9%仍稳步上升至2017 年第三季度的31.8%，未来3 个月准备买房的储户比例从2016 年第四季度的20.1%稳步上升至2017 年第二季度的23.1%，又小幅回落至2017 年第三季度的22.5%（见表4－1）。一方面超过半数的投资性消费主体认为当前房价“高，难以接受”，另一方面认为预期房价上涨以及选择未来3 个月出手买房的储户比例不降反升，这种看似矛盾的投资选择也充分体现了投资性购房需求主体买涨不买跌的盲从心理，也从另一角度揭示了2017 年来从严的房地产调控政策也并未能从根本上改变投资性购房需求群体的市场预期。由于实体经济不景气和投资渠道不畅，以及房地产对中国家庭而言具有投资和居住的双重属性，很多储户出于无奈仍然将房地产作为家庭的重要资产配置。

2018 年，在中央“房住不炒”的政策定位下，全国各地有多个城市出台或升级限购政策、完善或升级限售政策。受中央和地方调控政策的持续影响，投资投机性购房者的市场预期出现调整迹象。目前许多城市规定的限售时间都是取得不动产证后2～5 年，通过冻结楼市流动性从而增加住房持有的时间成本，很大程度上降低了住房的投资属性。2017 年第四季度到2018 年第三季度，中国人民银行发布的《全国储户问卷调查报告》显示，“倾向于更多房地产投资”近年来均未列入居民偏爱的前三位投资方式，投资投机性购房需求在一定程度上得到了有效遏制。特别是作为全国楼市风向标的北京市，在从严的调控政策影响下本周期内房价预期指数一路走低，一定程度上反映了限购限售政策的调控效果。本周期内被调查储户中，预期房价上涨的比例仍始终位于30%以上的高位水平，并在2018 年第二季度出现了近5 年来单季最高值——36.5%；未来3个月准备买房的储户比例也始终位于20%以上的高位水平，并在2017年第四季度出现了近5年来单季最高值——23.2%。上述问卷调查数据充分体现了投资性购房需求主体买涨杀跌的盲从心理，也从另一角度揭示了本周期内从严的房地产调控政策并未能从根本上扭转投资性购房需求群体的市场预期。由于实体经济不景气、投资渠道不畅，以及房地产对于中国家庭而言具有投资和居住的双重属性，很多储户出于无奈仍然将房地产作为家庭的重要资产配置，但囿于限购限贷政策未能形成有效释放。

表4－1　2013年第四季度至2018年第三季度全国储户房价预期与购房意愿

时间	目前房价			倾向于更多房地产投资
	高，难以接受	可以接受	令人满意	
2013年第四季度	66.5%	31.1%	2.4%	17.9%
2014年第一季度	64.3%	33%	2.7%	16.2%
2014年第二季度	63%	34.2%	2.8%	14%
2014年第三季度	59.5%	36.9%	3.6%	<13.1%
2014年第四季度	58.8%	37.6%	3.6%	极低
2015年第一季度	51.9%	44%	4.1%	极低
2015年第二季度	51.5%	44.9%	3.6%	极低
2015年第三季度	49.7%	46.5%	3.8%	极低
2015年第四季度	52.0%	44.2%	3.8%	极低
2016年第一季度	50.7%	45.7%	3.6%	极低
2016年第二季度	53.4%	43.4%	3.2%	极低
2016年第三季度	53.7%	42.9%	3.4%	极低
2016年第四季度	52.7%	43.5%	3.9%	极低
2017年第一季度	52.2%	42.9%	4.9%	极低

（续表）

时间	预期房价				未来3个月准备买房
	上涨	基本不变	下降	看不准	
2013年第四季度	32.5%	47.2%	7.5%	12.8%	13.2%
2014年第一季度	28.3%	48.2%	10.2%	13.3%	15%
2014年第二季度	21.2%	50.3%	15.1%	13.4%	14.4%
2014年第三季度	19.2%	51.6%	15.8%	13.4%	14.2%
2014年第四季度	17.3%	52.5%	16.4%	13.8%	14.5%
2015年第一季度	15.6%	52.9%	17.8%	13.7%	13.8%
2015年第二季度	18.2%	53.9%	14.6%	13.4%	14.7%
2015年第三季度	18.7%	53.3%	14.4%	13.6%	13.8%
2015年第四季度	18.4%	52.7%	15.2%	13.7%	14.7%
2016年第一季度	17.6%	52.1%	16.1%	14.2%	13.6%
2016年第二季度	21.1%	51.8%	12.4%	14.7%	15.1%
2016年第三季度	23.1%	52.2%	11.9%	12.8%	16.3%
2016年第四季度	26.9%	50.1%	10%	13%	20.1%
2017年第一季度	27.2%	49.6%	10.6%	12.6%	22.9%
2017年第二季度	31.2%	46.1%	9.6%	13.1%	23.1%
2017年第三季度	31.8%	46.1%	10.3%	11.8%	22.5%
2017年第四季度	32%	48%	9.3%	10.7%	23.2%
2018年第一季度	31.4%	48.2%	9.9%	10.5%	22.9%
2018年第二季度	36.5%	44.7%	8.5%	10.3%	23%
2018年第三季度	33.7%	45.9%	9.6%	10.8%	22.5%

注：根据2013年第四季度至2018年第三季度中国人民银行发布的《全国城镇储户问卷调查综述》中的相关数据整理。由于2017年第二季度以后关于当前房价的问卷调查有所调整，故后表中未加以呈现。

二、需求释放的主要特点

（一）需求主体的投资选择

以2016年来投资投机性需求释放为例，随着2016年第一季度房地产市场的整体回暖，需求主体的房价预期和购房意愿随之上升。中国人民银行发布的《2016年第一季度城镇储户问卷调查报告》显示，投资性需求从2015年的低谷期迅速上升进入2016年的高峰期。一方面超过半数的投资性消费主体认为当前房价“高，难以接受”，另一方面近年来最高比例的投资性需求主体选择在未来3个月内出手买房，这种看似矛盾的投资选择也充分体现了投资性需求主体买涨不买跌的盲从心理。从另一角度而言，由于实体经济不景气和投资渠道不畅，以及房地产对中国家庭而言具有投资和居住的双重属性，很多储户出于无奈仍然将房地产作为家庭的重要资产配置。从全国范围来看，2017年度调控政策的深度和广度可以算是史无前例。截至2017年9月底，全国大致有74个地级以上城市（约180项调控政策）和32个县市（约43项调控政策）出台楼市调控政策，海南、河北两省甚至从省级层面开始全面调控。但认为预期房价上涨以及选择在未来3个月内出手买房的储户比例不降反升，表明本轮市场的下行趋势只是由于从严的调控政策在一定程度上抑制了投资投机性需求的释放，而未能从根本上改变投资性购房需求群体的市场预期。市场主体对楼市的长期稳定或下行预期并没有完全达成共识，市场主体观望情绪仍十分浓厚。

投资投机性需求主体的专业知识储备及对市场走势的长期关注，导致其购房行为在同类购房需求群体中具有很强的示范效应。开发商、中介平台的炒作因素以及投资性需求主体的投资选择，很容易引发诱导刚性需求和改善性需求群体产生“羊群效应”。其他需求群体会出于信息不对称、唯恐房价过快上涨从而产生冲动性购房行为。以2016—2017年的房价上涨周期为例，2016年初信贷宽松政策带动的投资性需求旺盛，加上部分开发商和中介平台的炒作，导致部分热点城市出现“一房难求”的供需假象，从而诱导了大量刚性需求和改善性需求群体开始恐慌性入市。投资性需求释放及其引发的“羊群效应”导致了大多数热点城市房地产贷款余额占比和新增房地产贷款占比屡创新高，楼市的整体杠杆率进一步上升。由此来看，该轮需求释放的始作俑者主要是信贷宽松政策带动的投资性需求旺盛，并进一步裹挟了其他需求群体，整体上呈现出刚需、改善性、避险性和投资性需求叠加的现状，从而带动了市场的整体回暖和杠杆率的进一步上升。

（二）空间关联与投资轮动

投资投机性需求主体的目标选择主要集中在人口基本面较好的长三角、珠三角和京津冀地区以及中西部热点城市。主要由于高收入人群的地理集中呈现出与人口流向一致的趋势，北京、广东、上海、浙江、江苏五省市不仅是全国跨省流动人口最集中的五个省市，同时也是高收入群体最为集中的五个省市。根据胡润研究院公布的2014年全国千万资产以上高净值人群报告，北京、广东、上海、浙江、江苏五省市2014年净资产达千万以上的高收入人群占全国比例高达68.2%，全国其他地区千万资产以上的高收入群体仅占31.8%。高收入人群所带来的是高端消费能力，同时对资产的保值和升值需求使得此类人群对高端住宅产品拥有较高的投资意愿。以2016年9月为例，百城住宅价格涨幅超过30%的有10个城市，分别为惠州、昆山、东莞、深圳、廊坊、珠海、南京、合肥、厦门和中山。综合来看，近期投资性购房需求仍然集中在两类地区：第一类是深圳、南京等宏观和人口基本面较好、供需矛盾突出的热点城市；第二类是惠州、昆山、廊坊等一线周边城市以及邻近政策趋紧的城市。据杭州某热销项目统计，2016 年 4 月成交的 424 套房源中有 25% 的购房者来自浙江省外，其中不乏来自邻近限购城市上海的投资客。据统计，2016 年前三季度杭州新建商品房销售面积同比增长 69. 2%，其中住宅销售面积同比增长 62. 9%，投资投机性需求的迅速回潮也导致杭州的限购政策不断升级。

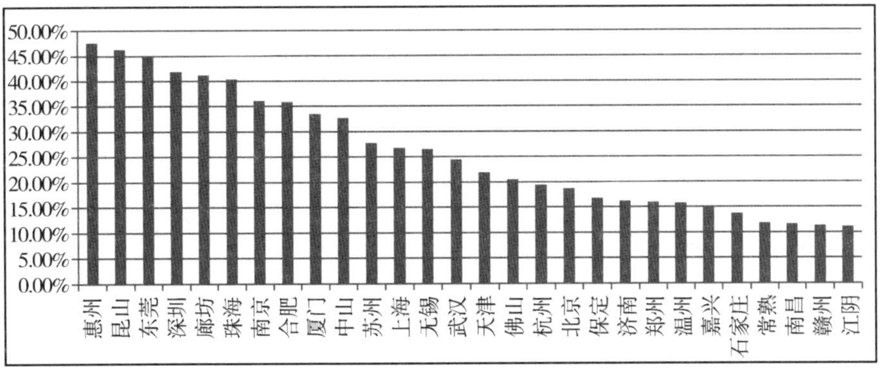

图 4－2　2016 年 9 月百城住宅价格指数同比增幅位序分布

数据来源：根据中指系统相关数据和 Wind 资讯整理。

为了限制投资性购房需求和稳定住房市场，国内多个城市陆续出台限制居民房地产交易的“冻房政策”，呈现“一线全冻，二、三线渐冻，四线解冻”的调控局面。截至 2017 年 10 月，执行房地产限售的“冻房政策”城市已扩大到 50 个。目前大部分城市规定的限售时间都是取得不动产证后 2 年，也就是未来买房大致需要 3 ～ 5 年才可以出售。一定时间内冻结楼市流动性可以有效打击投资投机性需求，使得房地产的投资属性大为降低。由于各个城市间市场基本面和调控政策的力度不一，投资客的资金也根据不同城市的市场供需特征开始在不同城市和区域之间轮动，城市群内部以及跨区域、跨经济圈的投资轮动现象凸显。2016 年 3 月底，京沪深楼市新政出台或从执行层面从严，投资客的购房资格受到限制，由此导致京津冀的投资客开始转战北三县和固安，长三角的投资客转战苏州和合肥，珠三角的投资客转战惠州和中山。2017 年 4 月初，京津地区限购限贷政策加码以及雄安新区规划出台，使得投资客的购房资格受到很大限制，导致了京津冀的投资客开始转战廊坊和张家口，而廊坊和张家口的限购政策加码又推动了保定和涿州市场的投资性购房需求持续高涨。

城市群内部以及跨区域、跨经济圈的投资轮动现象，也进一步加剧了对投资性购房需求的调控难度。许多区域振兴规划出台，如京津冀一体化、通州副中心与北三县规划对接等利好消息，成了许多房企和区域炒作房地产的利器，往往出现“规划落地、楼市先行”的怪圈。实体经济利润率下滑、人民币贬值预期等因素导致的投资荒困局是造成本轮资金在各级城市间追逐传导的主要原因。廊坊、昆山、惠州、佛山等一线周边城市，因邻近政策趋紧的北上广深而承接了大量外溢的投资性需求。这种跨区域投资轮动现象同时也加大了住房市场的监管难度，进一步加快了房地产泡沫的扩散蔓延。若采用一线城市的严格限购政策，也有可能对这些外围城市的经济发展和刚需群体造成一定影响。所以，如何进一步拓展投资渠道、规范引导房地产投资的合理方向，是今后住房市场监管和房地产市场稳健均衡发展的关键。

（三）需求释放的金融属性

金融渠道特别是银行贷款是房地产业的主要资金来源渠道。自 1998 年住房市场化改革以来，房地产业的增长率与金融业的增长率以及波动趋势几乎完全一致（见图 4－3），在近 20 年的时间内几乎保持着同涨同跌的总体走势。2004 年后，房地产业的高速增长也带动了金融业的快速扩张，两者增长率大致在 2007 年第三季度前后出现波峰，2008 年金融危机过后两个行业增长率开始同时震荡收窄。通过计算 Pearson 相关系数的结果显示，房地产和金融业增长率的相关系数高达 0.561，并且在 1% 的显著性水平下显著，两者产值增长率显示出很强的正相关性。从购房者角度而言，房价的过快上涨导致投资投机性需求迅速增加，房地产市场继续走高的预期促使购房者进行房地产投资或提前购房，从而扩大购房信贷需求。从总量来看，通过按揭贷款买房的消费者占全部购房者人数的 90%，其中 70% 左右的购房资金来源于银行贷款。

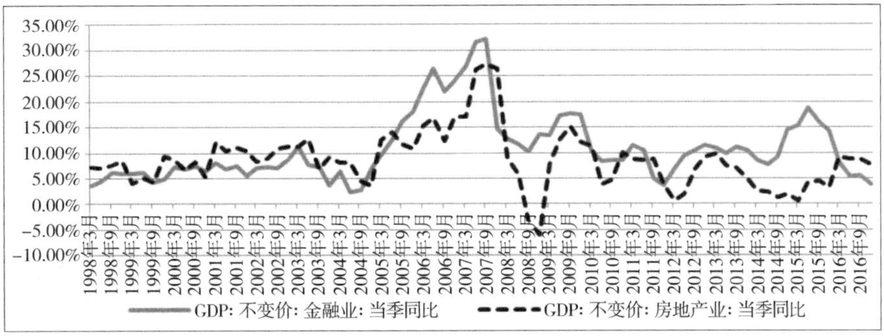

图 4－3 房地产业与金融业产值同比增长率趋势（不变价）

投资投机性购房需求释放的典型特征是与住房抵押贷款快速联动。房地产的持续繁荣与金融业高增长具有很强的联动效应，而由于我国信贷主导的融资体系使得此种联动更多地表现为房地产信贷的高增长，特别是按揭贷款的高增长。自 2004 年以来，住房按揭贷款的权重多高于开发贷款的权重，特别是近两年房地产信贷几乎全部依赖按揭贷款。图 4－4显示，按揭贷款在房地产贷款中的权重多年保持在 60% 以上。

2016 年，全国新增 12.65 万亿元贷款主要来源于居民中长期贷款，其中按揭贷款占比历史性地突破 70%，创造了高达 73% 的历史最高值。按揭贷款增额的权重优势在近两年的表现更为明显，2016 年的权重甚至超过了 90%（见图 4－5）。换言之，金融机构进入房地产业的贷款中 90% 以上的比例是借助按揭贷款渠道的。

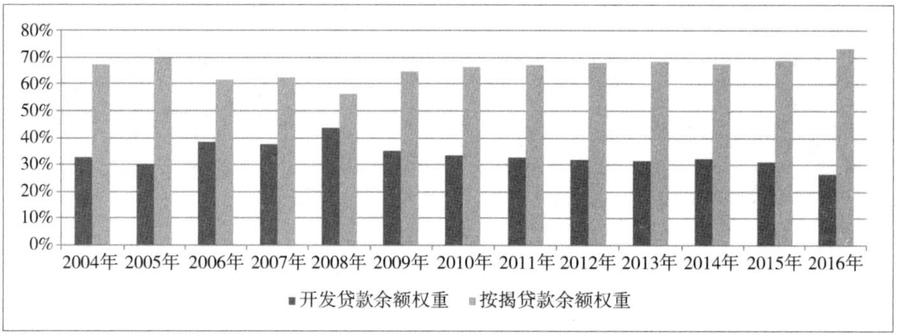

图 4－4　房地产信贷余额结构

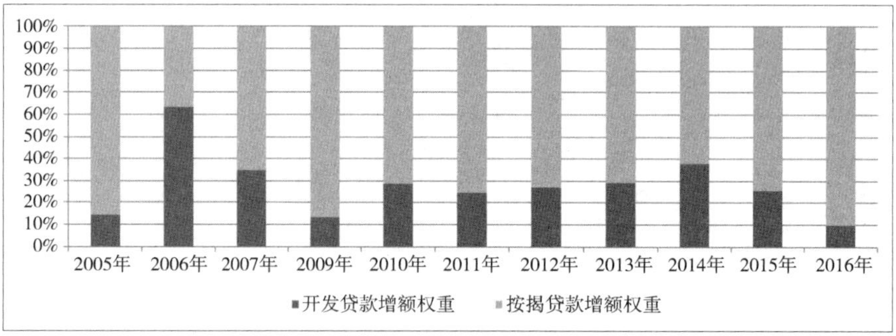

图 4－5　房地产信贷增额结构

注：由于受国际金融危机的影响，2008 年相关数据未能在图中呈现。

数据来源：依据 Wind 资讯相关数据整理。

三、未来需求变化趋势与对策建议

（一）需求趋势演变

从调控政策的深度和广度来看，2017 年内全国相继有逾百个城市陆续出台了超过 200 项调控政策，从市场表现来看一定程度上有效抑制了部分投资投机性需求。特别是中央和地方在“房住不炒”的政策导向下，密集出台政策措施来重点调控投资性购房需求，并严控个人购房贷款新增额度占全部新增贷款的比重。加上各地限购限售、“冻房政策”、租赁住房、共有产权住房等政策措施陆续推行，投资投机性需求主体逐步回归理性。在短期政策调控、长期政策预期和市场供需力量的共同作用下，市场整体预期进一步稳定，住房自住属性进一步强化。但据中国人民银行发布的全国城镇储户问卷调查报告，市场主体对楼市的长期稳定或下行预期并没有完全达成共识，市场主体的观望情绪仍十分浓厚。只要这种预期不发生变化，就很难从根本上全面遏制投资投机性需求的死灰复燃。未来一段时期内，投资投机性需求主体有可能将目光由限购区域转向未限购区域，由调控物业类型转向未调控物业类型。如近几年来实体经济不振以及互联网和电商的兴起，导致办公楼和商业营业用房的销售状况持续低迷、库存积压严重。但从 2017 年 1—9 月商品房销售的内部结构来看，办公楼和商业营业用房的销售面积分别增长 32.7% 和 23.7%，远高于前三季度住宅销售面积的增长率（7.6%）。此轮周期内办公楼和商业营业用房销售状况显著优于住宅的现象，很大程度上也受住宅调控政策的影响，导致投资投机性需求主体转移至办公楼和商业营业用房市场，而非办公楼和商业营业用房需求实质性反弹回暖。这种局面的延续，可能会增加办公楼和商业营业用房等物业类型的空置率，加剧区域商品房市场的结构性矛盾。因此，未来投资投机性需求在政策调控的影响下将会出现短期回落、市场预期缓慢调整，而长期持续的回落将取决于稳健的货币政策、实体经济的恢复以及投资渠道的通畅。

2018 年以来，虽然限购、限售、限贷政策的调控范围进一步扩大，但中国人民银行发布的《全国储户问卷调查报告》显示，预期房价上涨以及选择在未来 3 个月出手买房的储户比例不降反升，并达到近 5 年来的高位水平。这表明本轮市场的稳定趋势只是由于从严的调控政策在一定程度上抑制了投资投机性需求的释放，而未能从根本上改变投资投机性购房需求群体的市场预期。市场主体对于楼市的长期稳定或下行预期并没有完全达成共识，买涨杀跌的盲从心理和市场观望情绪仍十分浓厚。由此来看，实现“房住不炒”的目标并不是一朝一夕之功。一旦住房市场调控政策有所松动，投资投机性需求有可能死灰复燃或在区域市场之间轮动。

（二）政策启示

实体经济利润率下滑、人民币贬值预期等因素导致的投资荒困局，是造成投资投机性购房需求在各级城市间追逐传导的主要原因。并且由于我国住房市场对金融业具有较高依赖性，房地产市场的剧烈波动风险就更加容易转化为银行信贷风险，从而使我国宏观经济形势面临潜在的泡沫风险隐患。所以，如何进一步拓展投资渠道、规范引导房地产投资的合理方向，是今后住房市场监管和房地产市场稳健均衡发展的关键。针对投资投机性需求领域存在的突出问题，未来需要从以下几个方面重点加以防范。

一是以经济结构调整引导房地产需求结构调整。在宏观经济增速下降、实体经济和股市持续不振的背景下，房地产业成为居民当前为数不多的具有投资价值的行业之一，房地产的投资属性在近年来开始凸显。因此必须加大有效经济结构的调整力度，重点关注实体经济、新兴产业和保障性产业，贯彻“房住不炒”的政策导向，从根本上引导金融机构信贷资金的合理配置。相应的经济结构调整策略至少包括三个基本的内容：其一是产业结构创新过程中培育出规模化、高效率、可持续的新兴产业；其二是出台定向激励政策引导金融资源增加对实体经济和新兴产业的配置比重；其三是建立政策性金融体系，为投放到关乎国计民生的保障性领域中的商业性金融资源提供增信支持。

二是加大对投资性购房需求的限制调控力度。虽然近期从严的调控政策有效遏制了投资投机性需求的释放，但市场主体对楼市的长期稳定或下行预期并没有完全达成共识，市场主体的观望情绪仍十分浓厚。并且近年来房价上涨背后的主要原因之一就在于货币超发预期以及由此引发的保值性投资需求，因此只要这种预期不发生变化，大规模投资性购房的趋势就难以得到有效遏制，区域调控政策的出台只会引导投资性需求在城市群内部以及跨区域之间出现投资轮动，很难从根本上全面遏制投资性需求的死灰复燃。因此，要重点抑制投资投机性需求并有效保护刚性需求和改善性需求，加大对投资性购房需求的限制调控力度。适当提高个人购买豪华别墅、高档商品房或以投资为目的购买第二套普通住房的首付比例。

三是加强对投资性需求限购限贷政策的区域联动性。在高铁快速发展和区域一体化加速推进的时代，单个城市的限购限贷政策很难遏制住扩散的投资性购房需求。因而在城市群之间和大区域内部出台调控政策时要事先充分沟通，有效预防投资性购房需求的跨区域轮动现象，从而避免区域房地产市场的大起大落和房地产泡沫的扩散外延。特别是在新区开发和区域振兴规划出台前后，要充分吸收借鉴雄安新区的房地产新政思路，坚持“房子是用来住的，不是用来炒的”政策定位，严禁大规模开发房地产，对新区区域内的有关土地、房地产开发等项目逐一登记调查，防止新区规划和区域振兴规划成为房地产行业炒作的利器。

四是建立差异化的区域信贷调控政策。近年来中国房地产市场主要表现为区域分化现象持续，因此必须进一步明确和把握分类调控的策略导向进行供给侧改革。在信贷政策方面，一、二线城市房地产信贷对住房价格弹性较大，鉴于这些区域的高房价及高增长率，有必要持续性地采取紧缩性信贷政策，促进这些区域住房价格的合理回归；对于住房价格较为合理的三、四线城市，可以适当采取较为宽松的信贷政策，带动这些区域住房市场的稳定持续发展；而对于住房价格畸高而需求支撑不足的部分城市，要加强金融领域风险监管和风险防范。

第五章　学区房需求

早在先秦时期，中国民间便开始流传“孟母三迁”的典故。伴随着中国城镇化进程的加速和住房自有率的提高，居民的购房决策已发展成为家庭获得优质教育资源的一种重要机制。而优质教育资源的供给不足和分布不均，使得学区房成为稀缺资源并获得了更高的溢价率。从当前家庭代际结构来看，由于计划生育政策的推行和“望子成龙”的思想使得两代人的储蓄同时爆发性释放于学区房市场，故而对当前的住房市场造成空前压力。以北京为例，全市重点小学占比尚不足10%，并且60%以上的重点小学集中在三环以内的主城区。排除住宅特征和区位条件等其他因素，仅存在是否为中关村一小学区房的差异，学区房的价格年增速就是非学区房的1.5倍（胡婉旸等，2014）。针对其他城市如上海（Feng et al，2013）和杭州（毛丰付等，2014）的研究也表明，优质学区中的住房在市场繁荣期具有更高的房价涨幅预期。

由于中西方的入学制度和学区安排存在很大差异，故学区房的受关注程度也存在很大不同。在当前中国的大多数城市里，居民只有购买当地的学区房才能送其子女在该学区的优质学校就读，租房家庭则很容易被排斥在优质学区之外，这就直接导致了优质学区中的住房在市场炒作下具有更高的房价涨幅预期。而在西方国家中，学区之间的教育失衡现象并不十分严重，“租购同权”的制度安排也进一步淡化了学区房概念

（Nguyen-Hoang et al，2011）。随着国内主要城市的学区房持续升温，从制度和本源上厘清有关学区房的一些认识误区显得尤为必要。

一、学区制与学区房现象

从理论上看，教育等公共服务在空间上的完全均等化是很难实现的。即便许多国家和地区政府进行了大量教育资源均衡化的改革尝试，但实际上很少有政府宣称完全解决了教育资源的空间配置失衡问题。因此，无论是发达国家还是发展中国家，学区房现象的存在都具有普遍性（Nguyen-Hoang et al，2011；Deming et al，2014）。只是在不同国家之间，学区资源的稀缺性和受关注程度不同而已。

（一）学区制的国际比较

学区制（district system）起源并盛行于英美两国的教育体系，意为国民教育或义务教育阶段招收学龄儿童按居住区域划定招生入学范围。由于各国国情和发展阶段有别，学区制在后来的发展过程中呈现出很大的国别差异。如英美教育体系下的公立学校基本实行“分区划片、就近入学”，而付费制的私立学校入学指标则不受学区限制。公立学校的办学经费有相当一部分来自辖区居民所缴纳的房地产税或物业税，主要用于校舍修缮、设备购置、校车接送、教师聘用、学校运转等。若学区内房地产评估价值较高，则相对应的房产税收入和用于公立学校的投入就较多，一定程度上会提升学区公立学校的办学质量；而公立学校办学质量的提升，又会对学区内住房市场形成正向反馈。为了解决日益严峻的学区房问题，英国相继出台按“公平能力分组”和优先照顾低收入家庭学生的招生政策，美国实行“补偿教育”方案和“人才流动激励”

政策，在资金和师资方面向薄弱学区进行倾斜，这一定程度上能够有效缓解优质教育资源失衡问题。

德国与法国同样奉行就近入学原则，即学生原则上只能选择实际居住地附近学校就读，并建立起一系列保障措施促进教育均衡。德国各州教育法规严格禁止各项学校分级排名，明确规定学生只能按片区就近入学，并严厉打击家长的各种择校行为。如果个别学校报名人数超出其教育资源承载力，校方可采取就近原则招生、择优录取或随机抽签等招生办法。法国教育理念建立在“公平、免费、自由、平等”等一系列原则之上，国家预算保证教育体系满足所有居民需求，将所有教师纳入公务员序列管理。法国教育制度规定，只有到高中阶段才可以按一定比例自主招生，并且学区房并不是唯一的入学途径，学生家长在学校附近工作也可以选择在该校入学。尽管如此，在巴黎、图卢兹和蒙彼利埃的部分街区，仍然存在较为严重的学区房溢价问题。此外，加拿大、澳大利亚和新西兰等发达国家，学区制度与英美两国之间大同小异，由于近年来亚裔人口流入逐年增加，学区房现象也开始引起当地政府和社会关注。

与西方国家相比，东方文化普遍存在重视基础教育的传统理念，优质教育资源的竞争也相对激烈，所以中国内地和“亚洲四小龙”均不同程度地存在学区房问题。在中国内地的绝大多数城市，目前仍然普遍存在租购不同权的差异化政策，只有该学区的购房者才能享有优质教育资源，而大多数租房者子女的入学权被排除在学区范围之外（胡婉旸等，2014）。经过 2017 年以来的一系列租购同权改革后，许多优质学区的具体做法是将租房者子女的入学权排位在购房者子女之后。与内地学区制度不同的是，台湾和香港可以实现租房入学，但台湾入学政策要求父母或其他监护人连续租住 3 年以上，并提供年度水电费收据证明和经法院公证的租赁契约。香港将小学和中学按照区域划分为不同“校网”，然后按照就近入学原则进行派位，但同时也优先考虑本校教职工子女、有兄弟姐妹在本校就读的学生、具有相同的宗教信仰等因素。

新加坡的学生入学指标的排位标准是家庭距离学校的远近，学校优先解决距离学校较近的学龄儿童的入学问题，然后再根据入学指标的富余情况解决距离稍远的学龄儿童的入学问题。与香港政策类似，新加坡的公立学校也会考虑本校教师或者校友的子女优先就读本校。日本和韩国由于较早实行了公立学校教师的定期轮换制度，一定程度上减少了学校之间教育质量的差异。但由于日本的区域发展差距相对较小，公立小学的硬件设备已经基本趋同，学区房的概念在日本已相当淡化。韩国尽管实施了入学指标电脑随机派位等调控手段，但在一些名校和知名补习班集中的地段，仍然存在着严重的学区房问题。

（二）针对发达国家的学区房研究

由于教育均衡政策差异，英美两国学区房的受关注程度明显高于德国、法国、加拿大和澳大利亚等国家。美国布鲁金斯学会报告显示，金融危机后纽约市最好的 5 家公立学校学区内房价是最差的 5 家公立学校的 2. 4 倍。英国房屋按揭贷款机构 Nationwide 和 Lloyds 银行 2012—2013 年的调查显示，排名前 30 位的公立学校周边的房价比其他地区的平均水平要高 12%。学校的标准成绩考试（SAT）分数每提高 10 分，周边住房的售价将会出现 3. 3% 的涨幅。英国广播公司（BBC）援引英国教育部 2017 年的最新调查显示，英格兰学区房具有平均每套 18600 英镑的附加值。其中，优质小学为周边房产平均带来原房价约 8% 的附加值，优质中学的增值能力约为 6. 8%。另据最佳房地产经纪人网站（MeilleursAgents. com）针对法国 9 个城市的调查，位于名牌初中附近的住房价格比同一城市的平均房价贵7%～27%，在巴黎个别精英高中附近学区房的溢价率甚至高达51%。但在法国某些街区也同时存在较为便宜的学区房，价格甚至低于所在城市房价的平均水平。

虽然发达国家经济和社会发展水平较高、区域差距相对较小，但仍然存在居民为追求更好的学区而选择性购房的动力机制（Deming et al，2014）。根据Black et al（2011）对有关学区房的国际文献比较研究，当学生考试成绩提高一个标准误水平时，就会导致学校周边房价上升3%左右。以美国为例，由于学校对学生教育素质的提升主要通过学校环境、教师质量、师生互动、家长参与和同群效应五种机制来实现，因而家长也更加愿意购买或租赁学区位置较好的住宅（Schwartz，2010）。Herold（2003）通过比较美国的部分州之间存在的二元化教育体制和师资力量后指出，学区和教育质量差异将影响移民儿童在心理与情感上的健康发展，从而对其父母的迁移购房决策产生影响。Clapp et al（2008）以及Dhar et al（2012）分别使用美国康乃迪克州数据，研究发现考试成绩对住房价格存在显著影响，但不同时间跨度样本，其考试成绩对房价的影响效果不同。与此同时，Clapp et al（2008）的研究还发现，学生成绩对住房价格的影响呈逐年增加之势。Celia et al（2013）以西班牙民办中学为研究对象，认为优质学校对周边住宅价格会产生显著的正向影响。Davidoff et al（2008）针对澳大利亚中心区高中的研究也表明，学校高考成绩的中位数每提高1个标准误水平，周边住宅价格将上升3.5%。Ries et al（2010）通过对加拿大温哥华的学区政策调整进行溢价率评估表明，由于学区改变导致学校质量提升幅度最大的地区的住房价格上升了大约4%。Filipa Sá（2011）通过对英国住房市场进行分析，认为国际移民流入会显著降低流入城市社区的教育质量，从而导致收入较高的本地居民选择用脚投票迁往其他地区，进而对本地的教育公共服务和住房市场形成一种“消极的收入效应”。同样是针对英国的研究，Rosenthal（2003）利用外部学校评估作为学校质量的工具变量，发现英国的学生考试成绩会对学区内住房价格产生显著影响，房价对学生考试成绩的弹性约为0.05。

（三）针对发展中国家和新兴市场的学区房研究

由于发展中国家普遍存在区域差异和城乡二元结构，优质教育资源的分布往往过于集中。极为稀缺的城市优质教育资源一方面要服务于本地学龄儿童，另一方面要吸纳迁移人口子女。但综合来看，经济发展水平与学区房的受关注程度并无直接联系。一项针对亚洲地区的调查研究显示，经济发展水平相对较高的韩国正面临着严重的学区房问题，而经济发展程度相对较低的泰国和巴基斯坦的学区房现象则非常少见[①]。

据韩国调查机构2013年调查结果显示，83.4%的韩国人认为子女教育环境非常重要，72.1%的人会出于子女教育因素考虑搬家。Chung（2015）通过对韩国首尔的择校改革进行实证研究显示，当学生允许自由选择学区内外的学校就读时，优质学区房价相对于其他学区而言降低10%～27%，并且优质学区的居民在择校改革后更有可能迁移到其他社区。Kim et al（2015）根据首尔三个区2006—2012年间的3459条房地产拍卖数据，利用特征价格法剥离建筑物的特征以及区位因素，发现与学校之间的距离对房地产价格的影响最大。Barnhardt et al（2017）针对印度的研究表明，除经济因素外，社区网络关系对于学区房搬迁的选择具有重要影响。Alves et al（2015）将巴西的里约热内卢与智利的圣地亚哥进行对比，发现2010年的四年级学生中，父母经济条件好的家

① 详见：《“学区房”在全球有冷有热、教育均衡成改革关键》。

庭倾向于选择学区之外的高质量私立学校就读，而低收入家庭往往选择本学区的公立学校，且这一现象在圣地亚哥表现得更加明显。

Chin et al（2006）对新加坡2000—2003年4年间的房产交易数据进行分析，发现靠近名校对于新加坡的住房具有显著的溢价效应。Agarwal et al（2016）采用新加坡1999—2009年的数据，测算出学校地址迁移半年之前，距离学校原址1千米内和1～2千米的房价分别下降了2.9%和6%。Jayantha et al（2015）认为香港不同位置的学区房溢价存在差异，优质学校对房价的影响大于房龄、楼层、交通和购物便利性等因素，香港顶级的中学周边学区房溢价率高达27%～39%。Liu et al（2016）利用微观数据探讨了中国区域内小学数量的下降和搬迁对农村居民迁移购房决策的影响。通过探索异质性的影响，可以看出有适龄儿童的家庭对小学搬迁更加敏感，而且这种效果对拥有男孩的家庭而言更加明显。由此该文认为，人力资本投资的动机在中国家庭的购房决策中发挥着重要作用。Wu（2016）通过调查南京市内中产阶级父母的购房行为，发现他们更加倾向于在重点中小学附近购买价格较高的学区房，并在子女完成九年义务教育之后卖给新的家庭。Wen et al（2017）利用杭州市660个社区的住房数据，定量评估了城市义务教育质量对房价的影响以及教育政策的资本化效应。研究结论表明，无论是小学还是中学都存在显著的学区效应，而现有的“零择校”政策则进一步强化了学区房的影响。此外，Zheng et al（2008）、Lee（2013）、梁立雨等（2019）分别通过纳入学校特征因素，对北京市、台北市和深圳市的学区房溢价率研究表明，优质学校对周边房价存在显著的正面影响，距离优质学校较近的住宅在市场上有更高的价格表现。

随着我国各地“多校划片”“租购同权”“优质教育资源重组”等新政的出台，一定程度上让学区房市场主体的观望心理进一步加重。中国社会科学院城市与竞争力研究中心的住房市场月度分析报告显示，2017 年 6—8 月，作为重要学区的北京市东城区、西城区和海淀区的房价分别累计下跌 13. 17%、12. 77% 和 12. 28%，跌幅居北京市各区前三位。许多重点炒作的学区房，在新政前后每平方米价格下跌超过 10%。另据我爱我家研究院数据，同为入选全国租赁试点城市的南京，2017 年 9 月全市学区房房价环比下跌 0. 31%。尽管租赁利好暂时不会使得学区房的成交量价产生较大波动，但对购房者的心理预期产生了显著的影响。从长远来看，虽然 2017 年第二、第三季度学区房市场价格受政策影响产生波动，但由于中国大多数城市优质教育资源仍旧处于稀缺和分布失衡状态，完全实现租购同权的基础条件尚未完全满足，而购买学区房在未来一段时期内依然将成为家长们获得优质教育资源的主要方式。

二、学区房的溢价率测度

国内外关于学区房的讨论主要集中在溢价率方面，尤其是在许多“租购不同权”的中国城市，社会舆论关于“天价学区房”的讨论不绝于耳。那么，学区房的真实溢价率真有媒体报道的那么高吗？事实上，许多媒体和开发商在炒作学区房的同时，也引发了学区房溢价率测度的问题。以北京市西城区为例，2016 年其重点小学学区房均价高达 88194 元/平方米（二手房成交价格），但其高房价的支撑因素也包括优质的区位条件、便利的基础设施和公共服务，学区因素只是其中之一。通过技术手段剥离出其他支撑因素之后，西城区重点小学学区房平均溢价率只有不到 2%（孙伟增，2017）。二手房成交均价最高的西城区，其学区房溢价率却位列北京市城六区最后。由此可见，关于学区房溢价率的科学测度，首要问题便是如何从住房的各种物理属性和区位属性中剥离出学区属性的真实价值。为此，近年来国内外学者们开始从传统的特征价格模型（hedonic pricing model）出发，尝试通过边界固定效应法（boundary fixed effects model）、双重差分模型（difference in difference model）以及工具变量法（instrumental variable method）等多种改进方法来解决传统估计模型中的偏误问题。

（一）边界固定效应法

自 Black（1999）首次使用边界固定效应法测度学区房的资本化效应以来，此方法一直被视为对传统特征价格模型的有效修正。此后经过了多种拓展应用方式，如 Fack et al（2010）利用同一年内在边界另一侧发生的房屋交易价格，用其几何平均值作为实验侧学区房溢价率的价格参照，从而有效控制了社区特征变量的影响。Gibbons 等（2013）在此基础上还进一步控制了房屋距离学区边界的空间距离对学区房溢价率的影响。从既有边界固定效应法测度的研究结论来看，当学校平均考试成绩每提高一单位标准差时，Fack et al（2010）、Gibbons et al（2013）、La（2015）以及 Collins et al（2017）等测度的学区房溢价率分别为1.4%～2.4%、3%、4%和2%～4%。胡婉旸等（2014）通过空间配对的类重复交易方式研究发现，2011 年北京学区房相对于非学区房而言价格平均高出6%～8%。在此基础上，孙伟增（2017）用类似研究方法重新估算了2016 年北京市城六区重点小学学区房溢价率为9.7%。由于减少了遗漏变量的影响，采用边界固定效应法测度的学区房溢价率要显著低于传统特征价格模型的估计结果。然而，由于边界处的被观测房屋和邻里特征变量会产生不连续性，即更有能力的家庭会选择距离好学校较近的边界一侧，因此仍然难以充分地控制不可观测变量的影响（Gibbons et al，2013）。此外，在如何确定学区边界样本数量的选择中还会造成样本量的损失（Bayer et al，2007；张牧扬等，2016）。

（二）双重差分模型

双重差分模型的处理思路是首先通过房屋个体的第一次差分，从而消除处理组和控制组自身的变化趋势。而这两者之间的再次差分则在控制时间变化趋势和一些随时间同步变化因素的同时，可以得出政策本身对房屋溢价率的净影响。Ries et al（2010）利用该模型对加拿大温哥华的学区政策调整进行溢价率评估，该地区的学区政策调整包括将一部分房子重新分配到不同的学区，而将其他房屋仍留在原来的学区。通过比较这两组房屋在所属学区变化前后的房价差异，可以很好地控制不可观测变量。研究结果表明，由于学区改变导致学校质量提升幅度最大的地区的住房价格上升了大约 4%，相当于所在地区的房屋均价上涨了 14000 美元。Dhar et al（2012）利用双重差分模型加入学区边界的固定影响，对比了不同学校质量在不同时间段的房屋溢价率差异，研究发现考试成绩对住房价格存在显著影响，但不同时间跨度样本，其考试成绩对房价的影响效果存在差异。Feng et al（2013）根据上海市新增实验高中、普通高中改为实验高中的自然实验，研究认为在每平方千米区域，增加一个高质量的实验高中会导致周边房价上涨 17.1%，将普通高中升级为实验高中将会导致周边房价上涨 6.9%。但是，Imberman et al（2016）通过对洛杉矶公布的学校质量增值数据进行双重差分模型处理后，并未发现房价对学校质量或教师增值等级做出反应，尽管之前用边界固定效应法测度认为学校考试成绩会对周边房价产生显著的资本化效应。由此可见，双重差分模型可以较好地消除内生性问题，在某种程度上可以视为对边界固定效应法的有效补充，但双重差分模型的不足之处主要体现在对数据的时间跨度、政策的外生性和模型的使用条件等要求较高。

（三）工具变量法

在消除不可观测的环境因素以及遗漏变量对房屋溢价率造成的影响方面，工具变量法是使用频率较高的一种有效方法，如 Rosenthal（2003）认为通过工具变量可以消除环境因素带来的内生性问题。为此，他引入外部学校评估作为学校质量的工具变量，发现英国住房价格对学生考试成绩的弹性约为 0.05。Cellini et al（2010）在边界固定效应法的基础上，利用工具变量法对加利福尼亚的学区房市场进行研究，其结果表明，学校设备投资价值增加对所在学区的住房成交价格均值产生了显著影响。Battistin et al（2017）利用标准化考试分数、住宅销售和商业活动数据，揭示了房价和土地利用的空间分异状况，通过使用工具变量法研究发现，居民对学校质量的认知增加导致了显著的房价上涨，并且也相应减少了学校周边社区的贫困发生率。但是此测度方法本身也存在不足之处，一方面是反映房屋特征或环境因素的工具变量并不唯一，另一方面寻找严格意义上与误差项无关而与所替代的随机解释变量高度相关的变量在操作上相当困难，所以工具变量法经常会遭到关于工具变量的有效性质疑（Nguyen-Hoang et al，2011）。

（四）空间计量经济模型

传统的特征价格模型由于隐含样本相互独立的基本假设，所以在估计过程中经常受到忽略空间相关性的质疑（Brasington et al，2009）。Sah et al（2016）通过对美国西海岸的大型数据库进行空间分析，得出了与传统特征价格模型不一致的结论。他们认为，邻近公立学校的住宅总体上呈现出“惩罚效应”而非“溢价效应”。当进一步将样本进行区域划分后发现，内陆地区公立学校附近的住宅总体表现为“溢价效应”，而沿海地区样本的“惩罚效应”更明显。此外，Sah et al（2016）还特别强调，稳健的空间效应控制可能会对特征价格模型估计结果产生重要影响。Lee（2013）利用空间计量经济模型对台北市 12 个行政区域住房市场进行研究，其结果表明，优质学校对周边房价存在显著的正面影响。同时该文也指出，利用空间误差模型和空间滞后模型，可以对传统 OLS 模型中高估的参数进行有效修正。综合此类文献来看，传统的特征价格模型中可能存在高估学区房溢价率的现象，而其中有很大部分原因是传统模型测度的学区房溢价率中，未能有效识别和剔除与学区房相关的空间特征（见表 5－1）。

表 5－1　国内外关于学区房溢价率测度方法的代表性文献概要

研究学者	样本数据	测度方法	主要结论
Fack et al（2010）	法国巴黎 1997—2004 年学区边界的综合数据	边界固定效应法	当学校平均考试成绩每提高一单位标准差时，学区房溢价率在 1.4% ～ 2.4%
Gibbons et al（2013）	美国新英格兰地区 138132 个学区边界样本	边界固定效应法	当学校平均考试成绩每提高一单位标准差时，学区房溢价率约为 3%
Collins et al（2017）	美国孟菲斯市谢尔比县学区边界样本	边界固定效应法	当学校平均考试成绩每提高一单位标准差时，测度的学区房溢价率为 2% ～ 4%
Ries et al（2010）	加拿大温哥华中学学区边界 87381 个住宅样本	双重差分模型 边界固定效应法	学区改变导致学校质量提升幅度最大的地区的住房价格上升了大约 4%，相当于所在地区的房屋均价上涨了 14000 美元

（续表）

研究学者	样本数据	测度方法	主要结论
Dhar et al（2012）	美国康乃迪克州学区周边住宅交易数据	双重差分模型 边界固定效应法	考试成绩对住房价格存在显著影响，但不同时间跨度样本，其考试成绩对房价的影响效果不同
Feng et al（2013）	中国上海市新增实验高中、普通高中改为实验高中前后周边住宅交易数据	双重差分模型	在每平方千米区域，增加一个高质量的实验高中会导致周边房价上涨17.1%，将普通高中升级为实验高中将会导致周边房价上涨6.9%
Imberman et al（2016）	美国洛杉矶的学校质量增值数据和学区边界住宅数据	双重差分模型 边界固定效应法	双重差分模型处理后并未发现房价对学校质量或教师增值等级做出反应；边界固定效应法测度认为学校考试成绩会对周边房价产生显著的资本化效应
Rosenthal（2003）	英国学区周边住宅交易数据	工具变量法	英国住房价格对学生考试成绩的弹性约为0.05
Cellini et al（2010）	美国加利福尼亚州15151个住宅交易数据	工具变量法 边界固定效应法	学校设备投资价值增加对所在学区的住房成交价格均值产生了显著影响
Battistin et al（2017）	英国标准化考试分数、住宅销售和商业活动数据	工具变量法	居民对学校质量的认知增加导致了显著的房价上涨，并且也相应减少了学校周边社区的贫困发生率

（续表）

研究学者	样本数据	测度方法	主要结论
Sah et al（2016）	美国西海岸的大型综合数据库	空间计量经济模型	邻近公立学校的住宅总体上呈现出“惩罚效应”而非“溢价效应”；内陆地区公立学校附近的住宅总体表现为“溢价效应”，而沿海地区样本的“惩罚效应”更明显
Lee（2013）	中国台北市 12 个行政区域住房交易数据	空间计量经济模型	优质学校对周边房价存在显著的正面影响；利用空间误差模型和空间滞后模型，可以对传统 OLS 模型中高估的参数进行有效修正

资料来源：根据相关文献资料进行整理。

（五）其他估计方法探索

由于学区房研究在世界范围内仍属于一个新兴热点，因而围绕学区房的溢价率测度问题仍存在广泛的争议。其一是关于估计函数的形式问题。早期研究曾在主模型中分别使用 Box-Cox 形式、线性模型、对数 - 线性模型和线性 - 对数模型，Clapp et al（2008）通过比较研究指出对数 - 线性模型是最为标准的，此后大量研究应用了对数 - 线性模型。然而 Yinger（2015）通过对美国克利夫兰地区的房价与学校质量进行实证研究发现，学校质量的二次项形式要优于线性形式。由此可见，在模型形式的估计方面仍未达成一致的标准。其二是关于控制变量的使用问题。Yinger（2015）通过在模型中加入尽可能多的环境特征变量作为控制变量，如犯罪率、宗教信仰、空气质量等，证明了房价与学校质量之间的正相关关系。另外一些研究着重于控制地区经济因素，比如距离中央商务区的远近（Chiodo et al，2010），以及学生因素（包括少数民族学生比例和贫困生比例）等（Zahirovic-Herbert et al，2008）。其三是关于重复交易和类重复交易的数据使用问题。使用固定效应和重复交易数据可以解决一些不随时间变化变量的偏误问题（Collins et al，2017），但装修等随时间变化的变量在数据处理过程中却难以得到有效控制（Ries et al，2010）。其四是关于学校产出衡量与数据年限选择偏误问题。在学校产出方面，主要衡量变量包括考试成绩、学校等级、绩效增量等，大部分研究表明某一种学校产出变量对房价有正向影响。但通常情况下在考试成绩对房价的影响中，截面数据的效应要大于固定效应的结果（Clapp et al，2008），较小的资本化效应同样出现在边界固定效应模型中。

三、学区房对儿童成长的影响

“邻里效应（neighborhood effect）”是学区房的另一项重要价值体现（Davis et al，2017），中国古代的“孟母三迁”就是一个“择邻而居”的典型案例。如前所述，美国公立学校的办学经费主要来自学区居民所缴纳的房地产税，学区教育经费与缴纳房地产税的数额是成正比的。所以，好的美国学区同时也意味着较高比例的高净值人群集聚和较低的贫困发生率。而我国的学区房通常与优质的区位和公共服务、完善的基础设施紧密相连，高溢价率的逆向选择效应很容易过滤掉难以承担高房价的贫困人口。所以，一般而言，选择好的学区房同时也意味着选择了更为富裕的邻居和较好的社区环境。

（一）政策实验

有关“邻里效应”的早期政策实验并引起国际关注的要数美国的高特罗（Gautreaux）项目。1967 年，在高特罗领导的一群原告与芝加哥住房管理局的诉讼结束后，诞生了一项住房项目计划，其内容是安置一组家庭到教育等公共服务较好的芝加哥郊区，安置另一组家庭到教育等公共服务较差的芝加哥其他社区（Mendenhall et al，2006）。若干年后发现，这种公共服务差异对儿童的长期发展影响非常明显：迁移到郊区的家庭子女大学入学率为 54%，而留在芝加哥的家庭子女大学入学率仅为 21%；若仅考虑四年制大学，两组家庭子女的入学率分别为 27% 和 4%（Rosenbaum，1995）。1990 年，美国国会通过“混合收入新社区策略”，混合式社区发展模式开始在美国各大城市推广开来。

作为高特罗项目的拓展，美国住房和城市发展部进行了一项更为宏大的实验计划——向机会迁移的示范（moving to opportunity demonstration，简称 MTO）。自 1994 年以来，这一计划开始在巴尔的摩、波士顿、芝加哥、洛杉矶和纽约等五座城市展开（Sampson，2008）。项目分别从居住在高贫困率社区且有孩子的低收入家庭中随机抽取 4604 户受补助家庭，再将其随机分为实验组（Experimental Group）、传统补助组（Section 8 Group）和控制组（Control Group），分别安置在 1990 年普查中贫困率低于 10% 的社区、无限制社区和原高贫困率社区。MTO 项目的成功推广引发了广泛的关注，并开始逐渐在全球范围内推广。由印度艾哈迈达巴德市政府和印度妇女协会（SEWA）合作的贫民窟居民搬迁计划被誉为发展中国家第一个类似于 MTO 项目的政策实验，497 个项目参与者中有约 1/4 搬迁到距离市中心大约 7.5 英里（1 英里 = 1.609344 千米）的社区，而其他项目参与者仍居住在市区贫民窟内

（Barnhardt et al，2017）。通过上述政策试验，决策者和研究者可以比较全面地掌握这些典型的住房安置计划对实验家庭特别是子女发展的长期影响。

（二）追踪研究

由于高特罗项目开展较早，样本相对较少并且主要集中于芝加哥地区，所以关于“邻里效应”的追踪研究主要集中在样本数量较大并且抽样相对分散的 MTO 项目。大量关于 MTO 项目的实验研究表明：迁移家庭的儿童行为问题指数比对照组降低了 30%（Katz et al，2001）；8 岁左右儿童的预期人生收入显著增加 30.2 万美元（Chetty et al，2016）；男孩的心理健康通过迁移到教育等公共服务更优质的地区而获得很大改善（Leventhal et al，2002）；从高贫困社区迁移到低贫困社区的少年暴力犯罪率降低了 30%～50%（Ludwig et al，2001）；患糖尿病和肥胖症的概率显著降低，而幸福感显著提升（Ludwig et al，2013）。更有意义的是，关于 MTO 项目的系列研究中，并未发现对搬迁家庭中13～18 岁的青少年有显著的正向影响①，对成年人的收入和福利的影响也微乎其微（亨德森等，2012；Chett et al，2016）。综合前期 MTO 项目的系列研究来看，政府通过公共住房项目鼓励低收入家庭搬迁到收入和公共服务水平较高的社区，对于青少年的长远发展具有一定的促进作用，并且这种“邻里效应”的影响并不因迁移儿童的性别、种族而发生变化。

但亦有学者研究表明，虽然住房计划改善了儿童成长的社区环境和教育条件，但由于迁移前后家庭社会网络关系的新变化（李超等，

① 一个可能的原因是，13 岁后的青少年性格已经开始成型，搬家会中断他们既有的社交和生活方式，这种负面影响会抵消居住环境所带来的正面影响。

2014；Barnhardt et al，2017）以及迁入社区的环境差异，“邻里效应”的真实影响需要重新评估。Aliprantis（2017）采用ITT和TOT以及局部平均处理效应，对MTO项目中的“邻里效应”评估研究表明：通过给贫困家庭发放住房代金券以帮助他们搬迁到更优质社区的政策实验，从长期来看并未显著改善搬迁家庭的收入状况以及孩子的考试成绩。因此，MTO的政策效果仅对少部分“邻里效应”有参考价值。同样，Barnhardt et al（2017）关于印度艾哈迈达巴德市的贫民窟居民搬迁计划的追踪研究表明，虽然搬迁后贫困家庭的住房情况有所改善，但由于种姓隔离和社会网络变化，14年后家庭收入和儿童人力资本并未明显提高，导致32%的人最终退出了住房搬迁计划。Davis et al（2017）进一步指出，当给贫困家庭的住房代金券被使用在相对廉价或低密度的社区时，MTO项目对儿童的成长将不会产生影响。由此他们认为，MTO项目中“邻里效应”的发挥存在前提条件，住房代金券的最优支付额度为每月300美元，这样才能达到社会资源的优化配置并更有利于儿童的成长发展。

四、结论与政策启示

本章分别从学区房的国别经验研究、溢价率测度以及“邻里效应”视角，对世界主要国家学区政策和学区房研究的前沿进展进行了回顾与梳理。分析结论认为，学区房问题并非中国特有的现象，欧美许多国家也都存在为追求更好学区而选择性购房的动力机制，只是在不同国家之间，学区资源的稀缺性和受关注程度不同而已。并且经验研究表明，经济发展水平与学区房问题的严重程度之间并无直接联系。为了厘清社会舆论对学区房的认识误区、科学测度学区房的真实溢价率，近年来国内外学者从特征价格模型出发，尝试通过边界固定效应法、双重差分模型、工具变量法和空间计量经济模型等多种改进方法，来解决传统估计模型中的偏误问题。在以西方国家学区为样本的估计结果中，当学校平均考试成绩每提高一单位标准差时，学区房溢价率大致维持在 1.4%～4%。此外，通过对高特罗项目、MTO 项目等政策实验及追踪研究表明，虽然优质学区可以通过“邻里效应”对儿童的成长产生一定影响，但这种“邻里效应”的发挥需要前提条件。若考虑迁移前后社会网络关系和社区环境变化等因素，政策实验效果和“邻里效应”的真实影响需要重新评估。

上述研究结论的背后也蕴含了大量丰富而有价值的政策信息。当前，中国正处于人类历史上最大规模的城镇化加速进程之中，计划生育政策的推行和“望子成龙”的传统思想使得两代人的储蓄同时爆发性释放于学区房市场，故而进一步加剧了中国住房需求的结构化矛盾。但数据测度方法问题、学区制度因素以及市场炒作，导致不同程度上出现了高估学区房溢价率和“邻里效应”的现象。事实证明，在当前优质教育资源配置不均衡、择校冲动强烈的特大城市，因地制宜、积极稳妥推进“多校划片”“动态学区调整”等制度安排，会对降低学区房热度、稳定区域房价产生积极的效果。而广州市提出的“租赁 16 条”更是明确提出，“赋予符合条件的承租人子女享有就近入学等公共服务权益”。从长期来看，尽管各地出台的学区房新政暂时不会使得学区房的成交量价产生巨大波动，但客观上还是对购房者的心理预期产生了显著影响。

基于此，学区房问题的妥善解决需要从国家战略的高度来协同推进教育政策和住房制度改革。首先，借鉴发达国家经验，积极稳健推进“租购同权”政策并强调实际居住，加大“过道学区房”整治力度，逐步赋予租房者子女享有同等的优质学区就近入学权力，有效降低投资投机者通过购买学区房获利的政策预期。其次，按照公办学校保障基本入学权利、民办学校提供多样化选择的原则，逐步建成供给主体多元、办学模式多样的义务教育资源配置体系。通过全国性的优质教育资源网络平台，让优质教育资源服务更多的学生，进一步模糊、淡化优质学区边界。再次，强化省级财政对义务教育学校办学经费和教师待遇的统筹，积极试点教育财政转移支付机制、人才流动激励和教师轮换流动制，在资金和师资方面向薄弱学区进行倾斜。通过优质教育资源重组、教育集团化办学等均衡政策措施，协调推进优质学区和薄弱学区义务教育均衡发展。最后，我们也应该深刻认识到，学区房问题的更深层次原因还在于优质教育资源的供给不足和空间配置失衡、户籍制度和区域发展差距，要彻底消除隐藏在学区房背后的身份差异和基本权利不平等，仍将是我国深化体制改革的关键和长期任务。

第六章　流动人口住房需求

改革开放以来的经济高速发展充分激活了中国的劳动力市场。在户籍制度不断弱化的背景下，大量的农村剩余劳动力开始不断涌入城市并逐步成为产业工人的主力军和城市建设服务的中坚力量。农民工数量的快速增长，一方面成为我国当前城镇化进程的主要助推器，另一方面也为流入地公共服务带来了巨大的挑战。尤其是随着流动人口数量的快速增长，催生了对教育、医疗和就业等公共服务的需求，也对城市政府公共服务的供给能力提出了更大的挑战。2015 年底召开的中央经济工作会议提出，“要按照加快提高户籍人口城镇化率和深化住房制度改革的要求，通过加快农民工市民化，扩大有效需求，打通供需通道，消化库存，稳定房地产市场”，并明确提出将化解房地产库存作为 2016 年结构性改革的五大任务之一。至此，户籍制度改革和住房制度改革的攻坚任务开始逐步走向合流。如何妥善解决农民工的住房问题，不仅涉及社会公平和城镇化质量的提升，更涉及当前一系列重要的改革领域。

一、21 世纪以来人口流动格局

21 世纪以来，中央根据城市化的阶段特点适时调整了城市化战略的思路，用“大中小城市和小城镇协调发展”的新举措代替了长期实行的“严格控制大城市规模”的传统政策。党的十八大报告指出，“科学规划城市群规模和布局，增强中小城市和小城镇产业发展、公共服务、吸纳就业、人口集聚功能”。可以说，“大中小城市的协调发展”是21世纪以来城市化战略的主线。然而在具体政策的执行方面，包括人口在内的各项要素依然优先流向大城市并形成集聚，并未因东部地区和大城市严格的落户条件和其他限制措施而趋缓。总体而言，中国人口迁移的空间特征主要体现在两个方面：第一，城乡之间的人口流动方向主要以“乡→城”流动为主，人户分离的迁移人口数量逐步扩大；第二，人口迁移的宏观流向已从改革开放前的向东北、西北、西南地区的扩散性迁移，转变为改革开放之后向东部沿海地区的集聚性迁移。人口迁移的这两种空间特征导致了空间集聚的不断加速，也带来了具有中国特色的“半城市化”现象。

（一）人口流动的户籍限制

改革开放以来，大量的城市群发展规划被提升到国家战略层次，集群化、网络化发展已经成为中国区域空间布局的重要形式。随着城市化的稳步推进，资源也日益向北上广深等全国性和区域性中心城市集中，这些城市承载着越来越多的就业人口，也成为地方经济的发动机。日趋完善的高铁网络增进了城市群内部和区域之间的空间经济联系，也加速了资本、劳动、信息等生产要素的流动和扩散，以及基础设施和公共服务的共建共享。高速铁路网的建成和运营，将会以“时空压缩”效应为特点，对企业的区位选择和经济活动空间分布、城市和区域的空间组织形式，以及国家区域管理体制机制等产生系统性、战略性的深刻影响。

但在城市化进程稳步推进的同时，城市化的质量却并未能稳步提高，主要表现为“半城市化”特征明显。改革开放以来的中国城市化进程中，非农业人口比例始终要低于城镇人口比例，并且在最近十年内两者之间的差距还在逐步扩大，这就意味着有相当一部分人口脱离了农业生产却并未获得城镇户籍。同时，户籍人口结构中的非农业人口比例与就业结构中的第二、第三产业就业人员比例之间的差距更大，也同样表现出扩大的趋势。根据中国城乡二元结构的现实情况，对这些指标上的差异可以有两种理解：第一，在中国城市与农村之间，还存在规模庞大的农民工群体，他们的户籍仍在农村，却长期身在城市并从事非农业生产。第二，乡镇企业中存在大量“离土不离乡”的本地农民工，他们虽已脱离农业生产但仍处于城市化的边缘。国家统计局的抽样调查结果显示，2017 年全国农民工总量为 28652 万人（其中外出农民工 17185 万人，本地农民工 11467 万人）。他们处于城市的边缘、产业的边缘和体制的边缘，是当前城市化所必须重点关注的群体。

随着二元户籍制度的确立和演化发展，身份限定和各种利益都被附加到了户口上，这彻底改变了户籍制度的实施初衷，使它从一个简单的信息收集工具变成了利益分配工具。改革开放以来的长期经济增长为户籍制度改革提供了坚实的资本、人才和技术基础，以民生为主体的公共财政理念也取得了广泛共识。随着劳动力市场一体化程度的提高，城乡分割的二元户籍制度对劳动力就业和工资决定的阻碍作用已越来越小。然而，附着在户籍制度之上的福利体系对不同身份群体的社会分割作用则依然存在。也正因为如此，全面的户籍制度改革也已步入了深水区和攻坚阶段。虽然在关于深化户籍制度改革的内容、进程和方式上有诸多问题悬而未决，但是在不同人群、不同区域和城乡之间，实现社会保护体系的一体化和均等化已成为清晰的目标。特别是党的十八大以来，许多地方进行了积极的试点探索，积累了宝贵的经验，但仍有一系列深层次矛盾和问题还没有得到根本解决，集中体现在三方面。

第一，附着在户籍制度之上的利益体系错综复杂，需要逐步剥离。现代户籍制度不仅是为了收集提供人口统计的基本信息资料，更是为了保障公民的身份、职业、迁徙等基本权利的实现。据统计，附着在户籍上的城乡不平等权利多达67项，涉及就业、教育、社会保障、事故理赔等多个方面。户籍管理制度本身的改革并不复杂，核心的问题在于许多公共服务和社会福利政策与户籍挂钩，而且形成的时间越久、涉及的领域越多，协调的难度也就越大。因此，户籍制度改革是一项系统工程，需要配套改革、协力攻坚。

第二，大国特征下的户籍准入条件不同，需要分类推进。许多大城市资源优势明显，吸引了大量流动人口聚集，资源环境承载压力较大；而中小城市和小城镇发展空间广阔，但产业支撑和公共服务功能还需要一个发育的过程，吸引人口集聚的能力相对不足。长期以来，户籍改革的实际做法则是放松中小城镇的落户条件，大城市仍然在用相对严格的户籍政策限制外来人口，由此带来了户籍制度改革的矛盾焦点——从经济集聚和人口迁移的角度来看，劳动力应从收入低的地区向收入高的地区流动，这决定了沿海地区和大城市必然是外来劳动力的主要流入地；而从户籍制度的严格程度而言，反而是劳动力流入越多的城市户籍准入条件越严格。这就需要国家从宏观层面加强政策引导、产业引导和观念引导，制定出多样化的户籍改革措施。

第三，各类群体的主观诉求不同，需要统筹兼顾。老一代农民工更加关注养老保障和医疗保险问题，而新生代农民工则更加关心劳动保障以及随迁子女的入学问题。由于存在很多不确定性因素，转户口又可能面临很高的机会成本。比如农业户口转为非农业户口，可能会失去土地征用所带来的大量补偿。城市居民也同样会担心，如果外来人口的公共服务成本都由地方来承担，那么可能会对本地区社会公共服务的质量造成不利影响。所以户籍制度改革涉及千家万户，各类群体高度期待且诉求多元，需要充分尊重并统筹兼顾好不同群体的利益诉求。

综合来看，户籍制度改革的所有障碍和难点几乎都指向了一个核心利益问题：户籍改革的收益是全国性的，但是户籍改革的成本则主要由流入地政府来承担，这就引发了一个典型的外部性问题，外部性的存在导致了各地方政府难以开展集体行动。城市为福利改革提供资金，但只能获得改革的部分收益，而且由于外来人口是流动的，这种投资对本地的回报率具有不确定性。如果仅从地方政府的利益角度来分析，消极应对户籍制度改革或者为外来人口提供有限的公共服务将不失为一种理性选择，但就全国层面来看，将会带来不小的福利和效率损失。

（二）人口流动的空间失衡

改革开放以来直至21世纪初，中国各地区的城市化进程都呈现出自东向西递减的特征：东部沿海地区在原本较低的城镇人口比重基础上迅速扩大，中西部地区的城市化进程则相对缓慢，尤其新疆、青海等西部省区在改革开放之初城镇人口比重还领先于东部，但由于在这一阶段的增速缓慢，到2000年时被东部远远超过。进入21世纪以来，受“西部大开发”“中部崛起”等区域经济协调发展战略的影响，中西部地区的城市化速度得到了显著提升，许多中西部省区市，如重庆、江西、宁夏、河南、安徽、湖南、陕西和四川等的城市化率都在过去十年内以高于全国平均水平（13.46%）的速度增长，而东部地区的上海、北京、广东、浙江、山东则进入了相对缓慢的增长期，东北三省由于城市化的起点较高，相对增幅也要低于全国平均水平。但按照各省区的城镇人口比重排序，除京津沪三个直辖市的城市化率最高以外，东部地区和东北地区依然是城市化进程最快的地区。所以过去十年虽然中西部地区城市化的后发优势较为明显，但并未能改变绝对城市化率“东高西低”的局面（见表6－1）。

表6－1　21世纪以来中国各省级行政区城市化率的变化情况

地区	城市化率（城镇人口比重）		变化率
	2000年	2010年	2000—2010年
全国	36.22%	49.68%	15.3%
北京	77.54%	85.96%	9.48%
天津	71.99%	79.55%	13.55%
河北	26.08%	43.94%	11.18%
山西	34.91%	48.05%	11.85%
内蒙古	42.68%	55.50%	9.69%
辽宁	54.24%	62.10%	19.93%
吉林	49.68%	53.35%	13.49%
黑龙江	51.54%	55.56%	9.94%
上海	88.31%	89.30%	11.34%
江苏	41.49%	60.22%	3.74%
浙江	48.67%	61.62%	13.5%
安徽	27.81%	43.01%	11.96%
福建	41.57%	57.09%	9.96%
江西	27.67%	44.06%	15.47%
山东	38.00%	49.70%	9.19%
河南	23.20%	38.50%	15.3%
湖北	40.22%	49.70%	9.48%
湖南	29.75%	43.30%	13.55%
广东	55.00%	66.18%	11.18%

（续表）

地区	城市化率（城镇人口比重）		变化率
	2000 年	2010 年	2000—2010 年
广西	28.15%	40.00%	11.85%
海南	40.11%	49.80%	9.69%
重庆	33.09%	53.02%	19.93%
四川	26.69%	40.18%	13.49%
贵州	23.87%	33.81%	9.94%
云南	23.36%	34.70%	11.34%
西藏	18.93%	22.67%	3.74%
陕西	32.26%	45.76%	13.5%
甘肃	24.01%	35.97%	11.96%
青海	34.76%	44.72%	9.96%
宁夏	32.43%	47.90%	15.47%
新疆	33.82%	43.01%	9.19%

数据来源：根据相应年份人口普查数据整理。

中国人口迁移的空间特征还表现为迁移的形态发生了深刻变化，即以传统的扩散型迁移向集聚型迁移转变。从近年人口迁移状况来看：沿海发达省份多为户籍人口的净迁入地区，它们绝大多数是经济发达或较发达省份；而户籍人口的净迁出地区多为中西部省区。目前，省级迁移的主体方向已经定型，中国人口迁移的宏观流向已从向西北、东北等人口稀疏地区的扩散转变为向东部沿海人口稠密区的集聚（见表6－2）。

表6-2 全国及各省级行政区户籍人口迁移状况

地区	平均人口/万人	迁入人口/万人			迁入率/‰	迁出人口/万人			迁出率/‰	总迁移率/‰	净迁移率/‰
		合计	省内迁入	省外迁入		合计	迁往省内	迁往省外			
全国	133927.18	1700.96	1232.21	468.75	12.70	1579.34	1121.89	457.45	11.79	24.49	0.91
北京	1254.61	19.72	1.21	18.51	15.72	8.80	1.20	7.60	7.02	22.74	8.70
天津	987.13	13.42	1.37	12.05	13.60	8.61	1.38	7.23	8.72	22.31	4.88
河北	7257.30	82.15	57.79	24.35	11.32	82.39	58.22	24.17	11.35	22.67	-0.03
山西省	3468.36	55.25	45.10	10.15	15.93	59.72	45.67	14.06	17.22	33.15	-1.29
内蒙古	2453.06	28.97	19.77	9.21	11.81	28.55	18.59	9.96	11.64	23.45	0.17
辽宁	4253.82	33.66	17.85	15.81	7.91	29.15	17.76	11.39	6.85	14.77	1.06
吉林	2721.65	34.66	25.22	9.43	12.73	36.23	23.76	12.48	13.31	26.05	-0.58
黑龙江	3843.81	49.73	38.19	11.54	12.94	50.98	31.16	19.82	13.26	26.20	-0.33
上海	1406.51	18.19	0.97	17.22	12.93	5.97	0.99	4.97	4.24	17.17	8.69
江苏	7442.91	100.18	69.47	30.71	13.46	84.13	61.87	22.26	11.30	24.76	2.16
浙江	4732.07	53.11	31.47	21.64	11.22	38.58	29.79	8.79	8.15	19.38	3.07
安徽	6809.82	69.65	53.40	16.25	10.23	73.23	49.89	23.35	10.75	20.98	-0.53
福建	3514.18	61.92	46.50	15.43	17.62	60.62	46.61	14.00	17.25	34.87	0.37
江西	4663.44	64.40	48.66	15.75	13.81	65.60	45.63	19.97	14.07	27.88	-0.26
山东	9492.82	78.20	55.52	22.68	8.24	74.70	52.31	22.39	7.87	16.11	0.37
河南	10731.53	116.07	95.95	20.12	10.82	95.53	67.05	28.48	8.90	19.72	1.91
湖北	6145.42	72.88	46.39	26.49	11.86	82.77	44.02	38.75	13.47	25.33	-1.61
湖南	7038.18	51.95	34.16	17.79	7.38	51.69	28.59	23.10	7.34	14.73	0.04
广东	8443.77	101.90	66.17	35.73	12.07	70.48	56.00	14.48	8.35	20.42	3.72
广西	5267.54	56.72	42.03	14.70	10.77	56.29	40.67	15.62	10.69	21.45	0.08

（续表）

地区	平均人口/万人	迁入人口/万人			迁入率/‰	迁出人口/万人			迁出率/‰	总迁移率/‰	净迁移率/‰
		合计	省内迁入	省外迁入		合计	迁往省内	迁往省外			
海南	887.83	10.36	6.69	3.67	11.67	9.33	6.40	2.93	10.51	22.19	1.16
重庆	3289.53	120.85	105.19	15.66	36.74	116.98	105.18	11.80	35.56	72.30	1.18
四川	8992.98	123.79	101.70	22.09	13.77	117.13	89.46	27.67	13.02	26.79	0.74
贵州	4139.89	72.90	61.19	11.71	17.61	67.64	55.34	12.30	16.34	33.95	1.27
云南	4499.00	48.42	41.97	6.45	10.76	50.19	40.08	10.11	11.16	21.92	-0.39
西藏	291.89	2.41	1.65	0.76	8.25	2.08	1.58	0.50	7.11	15.37	1.14
陕西	3863.34	52.18	36.18	16.00	13.51	47.64	31.68	15.96	12.33	25.84	1.18
甘肃	2707.20	45.91	38.96	6.95	16.96	53.61	35.34	18.27	19.80	36.76	-2.84
青海	546.49	6.60	3.83	2.77	12.08	7.01	4.68	2.33	12.82	24.90	-0.74
宁夏	638.34	14.57	10.27	4.30	22.83	13.13	10.00	3.14	20.57	43.40	2.26
新疆	2142.76	40.21	27.38	12.84	18.77	30.57	21.01	9.56	14.27	33.03	4.50

数据来源：根据2010年《中华人民共和国全国分县市人口统计资料》整理。

从地级市、县级市、县、县辖镇等行政区划来看，段晋苑（2010）的研究显示，地级市是人口净迁移率最高的一级行政区，其历年净迁移率之和远高于其他行政区的水平，而县级及以下行政区的人口净迁移率在历年均出现较多负值。在2010年全国15个典型的人口迁入城市中，广东占5席，江苏占3席，浙江占2席，大多数分布在沿海发达地区，中西部地区只有武汉和成都；而在15个典型的人口迁出城市中，河南占5席，四川占3席，安徽、贵州各占2席，大部分都分布在中西部地区（见表6－3）。

表 6-3　2010 年中国典型的人口迁入和迁出城市情况

类型	城市名称	常住人口数量/万人	年末人口数/万人	流动人口数量/万人	流动人口占户籍人口比重/%
人口迁入	上海市	2347.50	1419.40	928.10	0.65
	深圳市	1046.70	279.40	767.30	2.75
	北京市	2018.60	1277.90	740.70	0.58
	东莞市	825.50	184.80	640.70	3.47
	广州市	1275.10	814.60	460.50	0.57
	苏州市	1051.90	642.30	409.60	0.64
	佛山市	723.10	374.80	348.30	0.93
	成都市	1407.10	1163.30	243.80	0.21
	宁波市	762.80	576.40	186.40	0.32
	杭州市	873.80	695.70	178.10	0.26
	厦门市	361.00	185.30	175.70	0.95
	无锡市	643.20	468.00	175.20	0.37
	武汉市	1002.00	827.20	174.80	0.21
	南京市	810.90	636.40	174.50	0.27
	中山市	314.20	150.70	163.50	1.08
人口迁出	玉林市	553.80	684.80	-131.00	-0.19
	菏泽市	831.90	966.50	-134.60	-0.14
	资阳市	363.00	503.90	-140.90	-0.28
	达州市	548.60	690.70	-142.10	-0.21
	六安市	563.60	709.60	-146.00	-0.21
	广安市	321.00	468.50	-147.50	-0.31
	南阳市	1012.90	1163.80	-150.90	-0.13
	商丘市	736.40	890.50	-154.10	-0.17
	遵义市	610.00	771.90	-161.90	-0.21
	茂名市	588.30	761.30	-173.00	-0.23
	驻马店市	708.50	887.30	-178.80	-0.20
	毕节市	652.00	851.70	-199.70	-0.23
	周口市	895.20	1120.60	-225.40	-0.20
	信阳市	610.80	850.90	-240.10	-0.28
	阜阳市	761.90	1025.20	-263.30	-0.26

数据来源：根据第六次全国人口数据普查数据计算整理。

二、流动人口住房现状与问题

（一）农民工住房基本情况

国家统计局发布的《2014 年农民工监测调查报告》显示，2014 年外出农民工中在单位宿舍居住的占 28.3%，在工地工棚和生产经营场所居住的占 17.2%，租赁住房的占 36.9%，乡外从业回家居住的占 13.3%，在务工地自购房的仅占 1%。自购房农民工比例提高，主要是在小城镇自购住房的农民工增加。在自购房农民工中，在小城镇购房的农民工占 49.1%，比 2013 年提高 2.7 个百分点。但由于农民工的职住分离现象十分普遍，这种在小城镇的自购房并未能解决农民工的实际住房问题。并且务工所在城市规模越大，农民工越依靠租房方式解决居住问题。外出农民工中，雇主或单位不提供住宿也没有住房补贴的比重高达 44.6%。

2015 年来，由于房价和租金上涨，外出农民工月均居住支出人均 475 元，比上年增加 30 元，增长 6.7%。其中：房价和租金涨幅较高的东部地区务工农民工居住支出增长最快，比上年人均增加 33 元，增长 7.38%；在直辖市和省会城市务工的月均居住支出人均为 528 元，比上年增加 39 元，增长 7.98%。与此同时，在房价和租金上涨的形势下，2015 年得到雇主或单位提供免费宿舍或住房补贴的农民工减少。其中，外出农民工从雇主或单位得到免费住宿的农民工所占比重为 46.1%，比上年下降 0.7 个百分点；从雇主或单位得到住房补贴的农民工所占比重为 7.9%，比上年下降 0.7 个百分点；不提供住宿也没有住房补贴的比重为 46%，提高了 1.4 个百分点。

虽然2016年下半年后的楼市下行趋势导致农民工和城市“夹心层”的住房支出压力有所缓和，进城农民工居住条件总体有所改善，但从主要住房指标来看，农民工和城市“夹心层”住房问题依然十分严峻。国家统计局发布的《2016年农民工监测调查报告》显示，进城农民工人均住房面积为19.4平方米，与2015年相比并未出现显著改善，且远低于2016年全国居民人均住房建筑面积水平（40.8平方米）、城镇居民人均住房建筑面积水平（36.6平方米）和农村居民人均住房建筑面积水平（45.8平方米）。其中，人均住房面积在26～35平方米、36平方米以上的农民工家庭分别比2015年下降1.1和0.9个百分点。在进城农民工中，得到单位或雇主提供住房的农民工比上年下降0.7个百分点，购买保障性住房和租赁公租房的农民工不足3%。考虑到近些年来，农民工家庭式迁移的比重逐步提高，农民工的住房需求问题与随迁子女的受教育问题等逐渐挂钩，可能会进一步引发部分城市的住房供需矛盾。与农民工一样，城市“夹心层”由于住房支付能力较弱，同时又不具备保障房的申请条件，在住房供需矛盾紧张的一、二线城市也同样面临着严峻的住房问题。

通过对承载流动人口较多的代表性城市——广州的研究[①]分析，2015年广州市流动人口家庭每户住房间数为1.75间，比2010年的每户1.61间提高了8.7个百分点，略微超过户籍人口家庭每户住房间数的一半（见图6-1）；流动人口家庭住房建筑面积和人均住房建筑面积分别达每人48.39平方米和每人26.25平方米，分别比2010年提高了

① 数据来源于2015年广州市1%人口抽样调查（也称“小人口普查”）和2010年广州市第六次人口普查的一个子样本。剔除同他人合住的在校生后，分别汇总了2010年和2015年广州市分户籍常住人口家庭的住房情况，以及2010年和2015年广州市分户籍常住人口家庭的住房产权结构情况。

14.1 个百分点和 31.5 个百分点，仅相当于户籍人口家庭的 44.0% 和 68.0%（见图 6－2）。2015 年流动人口家庭平均每户居住人数为 2.22 人，比 2010 年有所下降，说明流动人口家庭有小型化的发展趋势，但均小于同期户籍人口家庭每户居住人数，说明流动人口仍然以夫妻共同流动和部分收入较高有孩子的核心家庭流动为主，绝大部分流动人口子女被父母留在原户籍地。

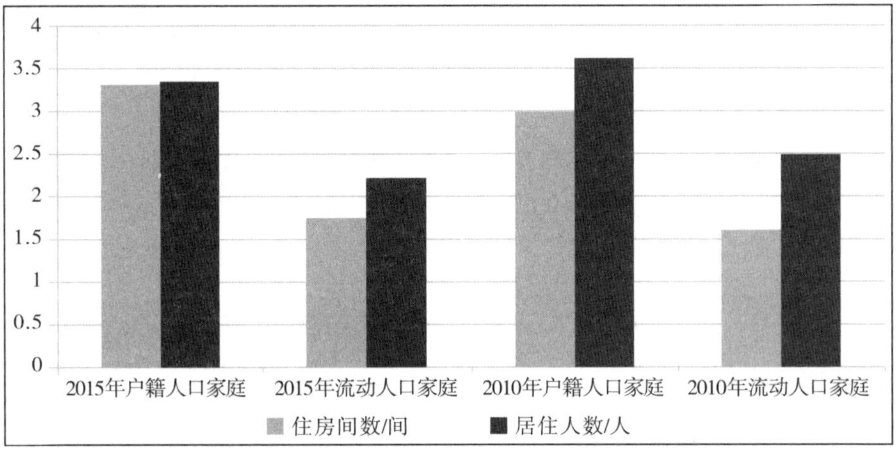

图 6－1　2010 年和 2015 年广州市分户籍常住人口家庭的住房间数和居住人数

数据来源：根据 2010 年广州市第六次人口普查和 2015 年广州市 1% 人口抽样调查数据库汇总整理计算。

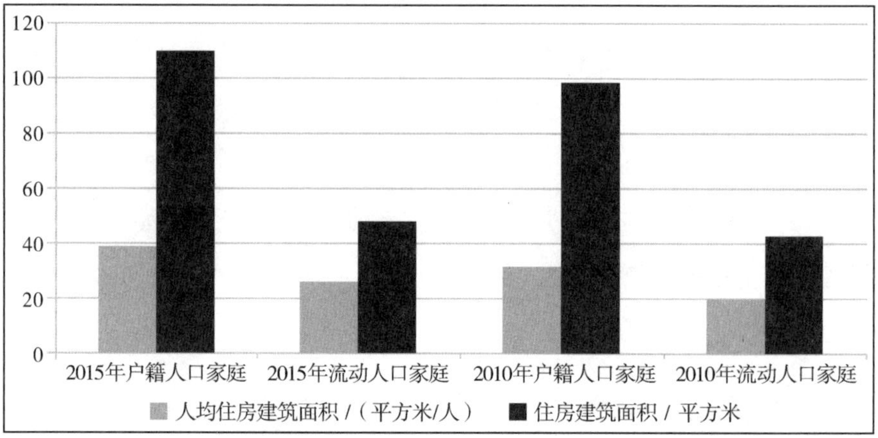

图 6－2　2010 年和 2015 年广州市分户籍常住人口家庭的住房情况

数据来源：根据 2010 年广州市第六次人口普查和 2015 年广州市 1% 人口抽样调查数据库汇总整理计算。

从表 6－4 中可以看出，户籍常住人口家庭住房产权主要为自建住房、购买商品房和购买原共有住房，而流动人口家庭则主要以租赁商品住房为主。并且从 2010 年至 2015 年期间，流动人口家庭租赁商品住房的比例在增加，而租赁公有住房的比例在减小。2015 年流动人口家庭居住在自有产权住房（包括自建住房、购买商品房、购买经济适用房、购买原公有住房）的比例仅为 15.67%，比 2010 年提高了 5.19 个百分点。而 2015 年户籍人口家庭居住在自有产权住房（包括自建住房、购买商品房、购买经济适用房、购买原公有住房）的比例高达 90.95%，租房居住（包括租赁公有住房和商品住房）的比例仅为 4.63%。

表 6-4　2010 年和 2015 年广州市分户籍常住人口家庭住房产权结构

	2015 年户籍人口家庭	2015 年流动人口家庭	2010 年户籍人口家庭	2010 年流动人口家庭
自建住房	44.8%	1.65%	44.59%	1.17%
购买商品房	27.55%	13.5%	23.61%	8.86%
购买经济适用房	1.26%	0.07%	1.81%	0.12%
购买原公有住房	17.34%	0.45%	18.81%	0.33%
租赁公有住房	1.9%	3.44%	1.33%	6.62%
租赁商品住房	2.73%	78.45%	5.57%	76.77%
其他	4.42%	2.44%	4.28%	6.13%

数据来源：根据 2010 年广州市第六次人口普查和 2015 年广州市 1% 人口抽样调查数据库汇总整理计算。

（二）面临的主要问题

以农民工为主体的流动人口普遍存在着人口和家庭基数较大、住房支付能力较弱、人口流动性较高等特点。要妥善解决当前农民工群体的住房问题，主要存在以下几个难点：

第一，我国现有的半城市化人口比例较大，而外出农民工在务工地自购房的比例却很低，农民工住房需求的理论缺口很大。2017 年，我国按照常住人口统计的城镇化率达到 58.52%，而按照户籍人口统计的城镇化率为 42.35%，两者之间存在 16.17% 的半城镇化人口。国家统计局发布的《2014 年农民工监测调查报告》显示，外出农民工当中，实现在务工地自购房的农民工仅占 1%，其余 99% 的外出农民工主要通过单位宿舍、工地工棚和生产经营场所、租赁住房、乡外从业回家居住来解决住房问题。若仅从农民工住房的理论缺口来看，推进农民工市民化所带来的衍生住房需求将十分可观。据《中国住房发展报告（2015—2016）》估算，按照未来每5年新增1亿城镇人口的城镇化速度，如果70%的家庭人口在城镇购房（按人均33.3平方米的购房面积计），每年以农民工为主体的购房需求可达4.6亿平方米。

第二，东部沿海地区和中西部重点城市为农民工的主要集中地，其住房供需矛盾本来就十分紧张，单纯依靠市场化手段来解决农民工的住房问题难度很大。如果仅通过市场化手段，让农民工在东部地区购买商品房是不现实的。并且长期以来三、四线城市针对外来人口购房的限制条件较少，而农民工较为集中的一、二线城市限购条件相对严苛。由此带来了农民工住房改革的矛盾焦点：从经济集聚和人口迁移的角度来看，劳动力应从收入低的地区向收入高的地区流动，这决定了沿海地区和大城市必然是农民工的主要流入地；而从限购条件而言，反而是农民工越多的一、二线城市限购条件越严格。这就需要国家从宏观层面加强政策引导、产业引导和观念引导，制定出多样化的户籍改革和住房制度改革措施。

第三，由于农民工群体的流动性较大，往往存在流入地工作、流出地买房建房的现象。而解决农民工住房问题所带来的收益是全国性的，但是其成本则主要由流入地政府来承担，这就引发了一个典型的“洼地效应”问题。外来农民工住房问题解决得越好的地区，往往会面临更大规模的外来人口。如果仅从地方政府的角度考虑，消极应对改革或者为外来人口提供有限的住房公共服务将不失为一种理性选择。但就全国层面来看，地方政府的这种自利立场将会带来不小的福利和效率的损失。此外，由于农民工的住房问题与户籍制度和医疗、教育、社会保障是一体的，解决农民工住房问题亟须中央与地方在密切协调的基础上进行全国性规划，各级政府及相关部门采取一系列集体行动。

第四，由于中国常住人口统计口径的城镇化率已超过50%，根据国际经验，人口由农村向城市流动的速度将减缓，而人口从小城市向大中城市集聚的状况将变得更加突出。这种城镇化和人口流动的新态势将会进一步加剧中国住房需求的空间失配问题，中国住房市场将会迎来一个相当长的分化时期。从当前情况来看，三、四线城市的结构性过剩与一、二线城市的结构性短缺并存（见图6－3）。也就是说，农民工相对集中的一、二线城市去库存压力相对较小，而农民工相对较少的三、四线城市去库存压力较大。所以从短期来看，用“农民工市民化”来“去库存”的政策预期是错配的。如2017年以来，随着一、二线重点城市住房调控政策的逐步升级，部分住房需求释放开始逐步转移至三、四线城市。在一线城市和二线城市同比增幅整体回落的情况下，三线城市同比增幅却出现小幅上涨。但是，由于此前部分三、四线城市出台农民购房入户的优惠政策，导致了很多农民愿意进城买房，但这部分进城农民群体却并不愿意将户口迁入公共服务一般的三、四线城市。以四川眉山为例，鼓励农民购房的优惠政策出台后，全市户籍总人口反倒下降了3.85万人，其中非农业人口下降了0.29万人。也就是说，大量农民在三、四线城市购房后，并未放弃有着土地收益的农村户口，这样就导致了“大城市进不去、中小城市不愿进”的“半城市化”状态蔓延，职住分离、房户分离的住房需求空间失配问题开始向三、四线城市蔓延。

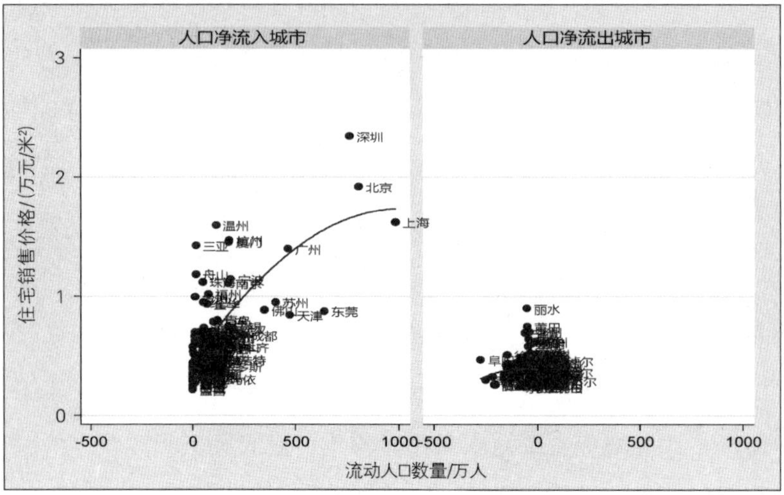

图 6－3　地级以上城市流动人口数量与住宅平均销售价格

数据来源：根据2014年《中国城市统计年鉴》与《中国区域经济统计年鉴》整理。

综合以上四个方面，要想稳步推进农民工市民化，并有效化解当前的房地产库存问题，绝非朝夕之功，必须抓住历史契机加快推进住房制度综合改革和相关配套政策的调整。其中，户籍制度改革和产业结构调整应作为重中之重。首先，正是因为以户籍制度为基础的大量有形和无形门槛，才导致了以农民工为主体的流动人口选择在流入地工作而仍在流出地买房，造成了严重的职住分离和住房需求的空间失配问题。对于农民工而言，老家的房子利用率极低，而务工地的居住条件又无法得到改善，处于“进不去的城市、回不去的农村”的两难境地。通过户籍制度改革和保障性安居工程，可以将这一部分流动性的需求主体稳定下来。其次，需要加大产业结构调整和产业转移力度。结合东部沿海地区产业升级和中西部地区产业发展、产业结构调整的要求，通过产业政策和金融手段，鼓励东部地区的劳动密集型企业向中西部地区和三、四线城市转移，积极吸纳农民工返乡创业就业。这不但可以有效疏解一、二线城市的人口压力，也可以有效增加三、四线城市房地产市场的接续主体，在全国范围内平衡房地产市场的供需矛盾。

三、流动人口的购房决策：一个准自然实验

（一）问题的提出

21 世纪以来，随着新生代农民工的迁移模式逐步由个体迁移向家庭式迁移转变，农民工随迁子女的规模也随之不断扩大（见图 6－4）。《2015 年农民工监测调查报告》和《2015 年全国教育事业发展统计公报》显示，全国外出农民工数量增至 1.69 亿人，义务教育阶段随迁子女数量高达 1367 万人，并且外出农民工及其随迁子女的流动方向呈现明显的指向性特征。其中，北京、上海、广东、江苏和浙江是跨省流动农民工随迁子女的主要流入地，占全国跨省流动农民工随迁子女接收总量的一半以上。总体而言，东部沿海省市面临着较为严峻的教育公共服务压力。

随迁子女教育问题关系到上亿流动人口的切身利益，妥善解决随迁子女教育问题是促进社会和谐稳定、解决我国人力资源短缺问题以及提高教育资源配置效益的重要途径。正因为随迁子女教育问题的重要性，中央和地方各级政府在政策层面和管理方式创新上展开了积极探索。2001 年，《国务院关于基础教育改革与发展的决定》提出“以流入地管理为主、以公办学校接受为主”的“两为主”政策，各地方政府对于随迁子女教育问题的态度也发生了明显改观，逐渐从早期的被动应付转变为积极主动的包容接纳。然而在实际操作层面，仍然有很多地方政府

和学者担心，农民工在做出家庭式迁移决策的同时，是否会考虑流入地随迁子女教育均衡政策对其子女入学的影响？如果这种政策的作用机制存在，是否会导致教育公共服务供给水平较高的东部地区和特大城市面临更大规模的住房压力，出现所谓的“洼地效应”？基于上述研究视角，本节主要从流动人口的相关理论出发，将随迁子女的教育问题与农民工购房决策联系起来，用微观数据来检验随迁子女教育对农民工购房决策的影响。

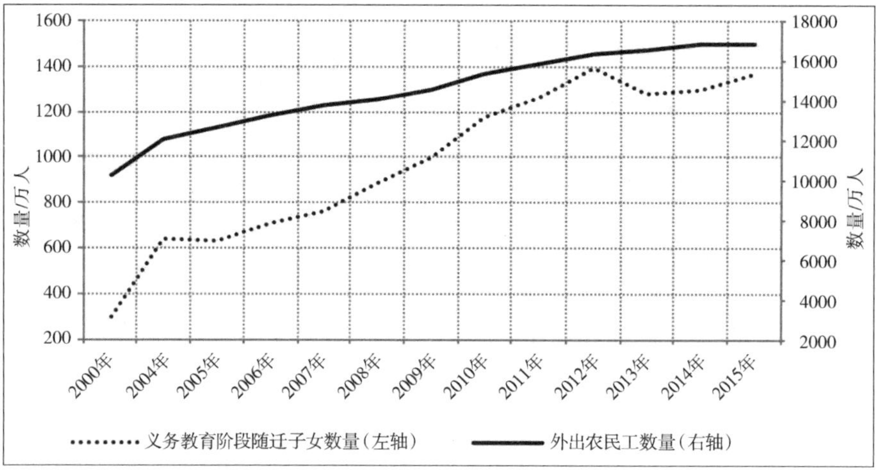

图 6－4　21 世纪以来中国外出农民工及义务教育阶段随迁子女数量变化趋势①

（二）政策回顾与研究设计

关于随迁子女教育均衡政策改革对农民工购房决策影响的定量研究，必须对全国及地方性改革的时间、内容和改革力度有较为详细的掌

① 2008 年以后外出农民工数据主要来自国家统计局和农业部，2008 年以前外出农民工数据主要转引自盛来运、卢锋等人的相关论述。关于义务教育阶段在校生中进城务工人员随迁子女人数，教育部自 2010 年开始进行专门统计，而 2010 年前的相关数据散见于国家统计局和教育部等下属职能部门，2000 年和 2005 年义务教育阶段随迁子女数参考叶静怡、吴霓、孙红玲等学者根据对应年份人口普查和抽样数据进行的估算。

握。为此，本节主要针对全国和代表性省份出台的相关政策、法规和文件进行归纳梳理，再根据入学程序减免、准入门槛降低、财政投入增加等具体改革进展指标来分类确定有典型意义的研究省份和对照省份，从而构建以准自然实验为基础的政策评估及分析框架。

从全国层面来看，随迁子女教育政策大致可以分为四个时期：（1）无专门政策、无经费规定时期。1986 年实施义务教育后的长时期内，义务教育制度是区县及以下政府的责任。但是由于《中华人民共和国义务教育法》颁布的 1986 年以前还没有出现大规模的人口流动，因此对随迁子女教育问题没有做任何相关规定。1992 年后中国进入了市场经济快速发展时期，外来务工人员数量急速增加，随迁子女的义务教育问题也逐渐凸显。然而在这期间，中央政府没有对外来务工人员子女的义务教育问题出台任何专门政策（韩嘉玲，2001）。（2）“两为主”政策形成但政府责任不明确时期。1996 年 4 月，国家教委制定了《城镇流动人口中适龄儿童、少年就学办法（试行）》。文件提出，流入地政府要为流动人口中的适龄儿童、少年提供接受义务教育的机会，具体承担管理职责，但该文件没有对政府承担流动儿童义务教育经费做任何规定。2001 年 5 月，国务院发布《关于基础教育改革与发展的决定》，提出“要重视解决流动人口子女接受义务教育问题，以流入地区政府管理为主，以全日制公办中小学为主，采取多种形式，依法保障流动人口子女接受义务教育的权利”。（3）明确政府财政责任但各级政府之间责任不明确时期。2003 年，中共中央和国务院发布了《国务院关于进一步加强农村教育工作的决定》，除了继续强调“两为主”政策外，还第一次对政府负担外来务工人员子女义务教育经费做出了规定，也明确了地方政府对外来务工人员子女教育的财政责任。然而，对哪一级地方政府负主要责任、地方各级政府之间如何分担经费责任没有明确规定。（4）从“两为主”到“两纳入”的改革攻坚时期。《国家中长期教育改革和发展规划纲要（2010—2020年）》（以下简称《纲要》）出台以后，国务院相继制定了一系列旨在解决和保障农民工子女受教育权利的政策文件。除了进一步明确“两为主”外，还将常住人口纳入区域教育发展规划，将随迁子女教育纳入财政保障范围。但具体落实到各级政府层面，仍然有些地方处于半明确、半模糊的状态。

Tiebout（1956）通过模型证明，理论上只要是存在地方政府和相应辖区分割，并且地方政府之间提供差异化的公共产品，那么对于个人家庭而言，其购房定居决策选择应该是最适合其需要的公共产品提供地区。从省级层面来看，由于各地的经济和教育发展水平差异很大，因而在对待随迁子女教育均衡政策改革上力度有别，这也为我们下一步使用双重差分法提供了先决条件。根据有据可查的资料，我们对各地随迁子女教育政策改革力度按照程序减免、准入门槛降低、财政投入增加三个中间变量来进行评估（见表6－5）。编码A表明该地在随迁子女入学的程序方面有明显的减免，只要持有居住证就可以让孩子就近入学；编码B表明该地对缴纳社保的年限小于或等于1年的外来务工人员，随迁子女入学的准入门槛大幅度降低；编码C表明该地用于流动人口子女的教育经费每年增加了10%以上。通过中间变量和结果变量的省级层面比较，我们发现沿海省份与内陆省份之间差异十分明显，其原因主要是绝大部分农民工及随迁子女集中在沿海地区。因此，为了提高研究的针对性和匹配度，本节将研究省份和对照省份样本主要选定在沿海地区。

表6－5　随迁子女教育政策分类标准

项目	随迁子女政策改革	编码	说　明
中间变量	程序明显减免	A	外来务工人员办理暂住证的同时，可办理随迁子女入学登记卡，在“免试就近入学”原则下，随迁子女入学程序大大简化
	准入门槛大幅降低	B	入学条件已经将初期的6证调整为2证，即父母的农民身份证明、居住证（投靠类或就业类）或就业证明，社保缴纳年限进一步降低
	财政投入显著增加	C	财政每人每年拨付经费用于流动人口子女的教育，增加专项经费用于改善接收进城务工农民工随迁子女入学学校的办学条件
结果变量	随迁子女数量增加	D	义务教育阶段学校接收随迁子女就读数量快速增加
	公办学校接收比例	E	公办中小学接收进城务工人员随迁子女比例
	生均随迁子女财政支出	F	财政支出用于每名随迁子女的平均额度

由于本节主要采用双重差分法来考察随迁子女教育均衡政策改革对农民工购房决策的影响，为此我们需要进一步根据改革的时间和力度，将沿海省份划分为处理组和控制组。考虑到2010年《纲要》出台以后，部分沿海省市相继在2011年跟进落实了一系列差异化的随迁子女教育改革政策（见表6－6）。直至2012年党的十八大前后，这些地方性的

试点改革开始在全国层面铺开①。因此，本文将2011年前后发生随迁子女教育政策改革的沿海省份作为处理组，其他改革力度较弱的沿海省份作为控制组，并综合考虑表6－5的中间变量和结果变量分类标准以及地理区位，将处理组与控制组的省级行政单位进行匹配。其中，处理组的研究地区包括福建、江苏、山东、河北和辽宁，控制组的对照地区分别选取广东、浙江、北京、天津和广西②。同时在数据处理中，我们以地方性改革集中出台的2011年为时间节点，设定2010年为事前组、2012年为事后组，模型估计方法如下：

$$ATT_{DID} = E\ (H_1^{\ T} - H_0^{\ T} \mid D = 1)\ \ - E\ (H_1^{\ C} - H_0^{\ C} \mid D = 0)$$

其中，D为是否发生随迁子女政策改革的虚拟变量（1为发生，0为未发生），H_0和H_1分别是事前组和事后组的农民工在流入地是否拥有住房的虚拟变量，上标T和上标C分别标记为处理组和控制组。等式右边两大项是个体自身的第一次差分，从而消除处理组和控制组自身的变化趋势。而这两者之间的再次差分则在控制时间变化趋势和一些随时间同步变化因素的同时，可以得出政策本身所带来的效果，即随迁子女教

① 如《教育部基础教育一司2012年工作要点》指出，将常住人口全部纳入区域教育发展规划，将随迁子女全部纳入财政保障范围，保障随迁子女平等接受义务教育。推动将随迁子女纳入电子学籍管理系统，简化入学手续，支持规范民办随迁子女学校发展，保障随迁子女平等接受义务教育。2012年8月，教育部、发展改革委、公安部和人力资源和社会保障部联合发布《关于做好进城务工人员随迁子女接受义务教育后在当地参加升学考试工作的意见》；2012年9月，国务院印发《关于深入推进义务教育均衡发展的意见》。

② 值得说明的是，上述地区分类标准是指在考察期间内是否有明显的随迁子女教育政策改革，而并非代表了各地区在随迁子女教育政策改革方面的总体进程。同时，虽然各地有部分地区没有进行随迁子女教育政策改革，但本文仍然使用各地流动农民工数据进行政策影响分析。有两点原因可以使得此做法不至于产生有偏的估计结果：第一，如果随迁子女政策改革对劳动力流动的影响较大，那么示范效应和预期效应可能使各地区内其他未改革市区的劳动力产生一定程度的流动效应；第二，部分随迁子女教育政策改革较多且涉及地区内大城市和重点城市的地区，如江苏省，如果改革使劳动力流动较明显，由于其农民工和随迁子女数量占全省比重较高，因而对全省的改革效应贡献权重较大。

育政策改革对农民工购房决策的净影响。

表 6-6　2011 年研究地区与对照地区随迁子女教育改革情况

研究地区	政策类型	对照地区	研究地区随迁子女政策改革概要	对照地区随迁子女政策改革概要
福建	A B C	广东	福建省将进城务工人员随迁子女的义务教育工作纳入当地教育发展规划，按照预算内生均公用经费标准和实际接收人数，对接收进城务工人员随迁子女的公办学校足额拨付教育经费。允许外省流动人口子女在闽高考，成为全国率先实现“异地高考”的省份之一	2011 年 7 月，广东省政府办公厅发布了《关于做好进城务工人员随迁子女义务教育工作的意见》，但这个文件并没有改变广东省外户籍学生不纳入免费义务教育范围的不合理规定，没有简化和降低农民工子女进入公办学校的条件，没有提出明确的政策目标和实施办法
江苏	A C	浙江	为了让更多随迁子女能够就读公办学校，江苏省充分挖掘现有办学潜能，提高公办学校吸纳度，其随迁子女义务教育阶段入学率和公办学校入学率高于邻近省市和全国平均水平。此外，江苏省财政从 2011 年起，设立了专项奖补经费，用于支持各地解决进城务工人员随迁子女入园问题，并全面建立了学前教育资助制度	浙江省有关农民工子女义务教育的改革政策文件和优惠政策较少。外来务工人员子女进入公办学校仍需要 6 证，而且公办学校还对外来务工人员子女学生收费。2011 年底，浙江省接纳义务教育外来务工人员子女的数量只有 120.91 万人，当年外来务工人员子女在公办学校就读的比例只占 74.2%，比全国主要城市的平均水平要低

（续表）

研究地区	政策类型	对照地区	研究地区随迁子女政策改革概要	对照地区随迁子女政策改革概要
山东	A C	北京	从 2011 年开始，山东省财政通过争取中央支持专项用于农民工子女比较多、条件比较薄弱的城市的义务教育经费来改善办学条件。对外来务工人员子女就学简化了入学手续，只需提供 3 证，外来务工人员子女入学原则上先去定点学校	2011 年 5 月，北京市教委官员对新闻界披露，农民工子女进入公办学校的准入证件将减少到 2 证（本市实际居住证明和户口簿），但只隔 1 天又声明准入证件没有减少，还是要求 5 证。北京市虽然采取许多措施，但在 2011 年秋季，全市随迁子女公办学校接收率仅为 70%
河北	B C	天津	除将农民工子女教育全部纳入财政保障外，对于中小学校舍安全工程、发展学前教育和学生营养餐工程试点等项目也加大了支持力度	外来务工人员子女在津接受义务教育，须持有 5 证，在向暂住地所属区县教育局提出申请并经所在区县教育局审核后，才能在该地就读
辽宁	A B	广西	取消了义务教育阶段进城务工人员随迁子女借读费，学校不得以任何理由拒绝接收，更不允许以任何理由和名义向学生收取“借读费”和与入学挂钩的“赞助费”“捐资助学费”“共建费”等。在指定学校就读的进城务工人员子女实行与本学区城市学生同一的收费标准	在推行流动人口居住证制度试点后，流动人口需要连续居住满 5 年、有稳定合法职业与住所，而且需要 7 证齐全，其子女才有可能被考虑转入有余额的学校。2011 年秋季学期，全区义务教育阶段进城务工人员随迁子女学生在公办学校就读的接收率为 76%

资料来源：根据各地区教育厅官网、人民网、新华网、新浪与网易等资料整理。

本节的基础数据主要来源于国家卫生计生委流动人口动态监测数据

库。从现有研究来看，该数据库是目前涵盖范围最广，基本覆盖流动人口个体和家庭的人口学特征、住房状况及随迁子女信息的大样本动态微观数据库。自 2009 年开始，国家卫生计生委每年组织专业调查队伍对全国的流动人口信息进行专门跟踪调查。在数据调查过程中，使用了分层线性随机抽样的方法来获取样本，要求访谈员入户并询问他们关于个体与家庭的相关信息。而在本节研究中，我们可以使用 2010 年和 2012 年两年的调查数据，采用双重差分法来估计随迁子女教育政策改革对农民工购房决策的影响。在获取数据进行实证分析前，我们还对样本进行了一定的预处理。首先，为了与劳动力流动的研究文献保持一致，我们把劳动力样本限定在年龄为 16 ～ 64 岁的人群，同时将义务教育阶段适学儿童年龄设定为 7 ～ 15 岁；其次，为了能严格使用双重差分法，我们剔除研究省份个别城市在两年都发生政策变化的样本。在此基础上，我们还对样本做了权重调整。因为我们获取的数据并不是全国范围内的所有县区调查的数据，而只是选择了部分城市和县区作为分层抽样的样本，所以我们采用 3 级权重指标（省区市、地市、县区）对样本进行权重调整从而让它具有全国层面的代表性。

（三）实证研究

为了检验随迁子女教育对农民工购房决策的影响，首先必须对影响农民工购房决策的因素进行适当控制。在综合考虑前人研究、数据可得性以及排除变量间相关性的基础上，设定基础回归方程式如下：

$$Probit_{house} = \alpha_0 + \alpha_1 * decision + \alpha_2 * year + \alpha_3 * decision\_year + \sum \beta_i IND_i + \sum \gamma_j FAM_j + \mu$$

其中，因变量 $Probit_{house}$ 为随迁子女教育政策改革后，农民工是否在流入地拥有住房。为了符合农民工住房的实际情况，本节将住房性质选项中的“自建房”与“自购房”一起视为拥有住房。*decision* 为是否参与随迁子女教育政策改革的哑变量，*year* 为改革前后的时间哑变量，*decision_year* 代表是否参与改革省份与改革前后时间哑变量的交互项。为了控制其他因素的干扰，从而分离出随迁子女教育政策改革这一外部事件对农民工购房决策的净影响，我们控制了影响农民工购房的其他个体特征、家庭因素以及一些政策的异质性影响，具体指标和变量定义如表 6－7 所示。此外，我们还先后控制了家庭是否拥有义务教育阶段适学儿童的虚拟变量 *kid_with*，以及政策净效应变量与拥有适学儿童虚拟变量的交互项 *policy_kid_with*；纳入随迁子女是否允许在流入地参加高考的虚拟变量 *upgrade*，以及政策净效应变量与随迁子女异地高考虚拟变量的交互项 *policy_upgrade*。

表 6－7　指标和变量定义

变 量	定 义	代 码
因变量	2011 年研究省份随迁子女教育政策改革后，农民工是否在流入地拥有住房	$Probit_{house}$
解释变量（政策效应）	随迁子女教育政策的净影响（政策对结果变量的影响）	*decision_year*
	是否参与了随迁子女教育政策改革（虚拟变量，是＝1，否＝0）	*decision*
	随迁子女教育政策改革前后虚拟变量（是＝1，否＝0）	*year*
控制变量（个体特征）	性别（男＝1，女＝0）	*gender*
	年龄	*age*
	受教育年限	*education*
	外出打工的经历（有＝1，否＝0）	*mig_exp*
控制变量（家庭变量）	家庭是否有需要赡养的老人（有＝1，否＝0）	*old_with*
	家庭是否拥有义务教育阶段适学儿童（有＝1，否＝0）	*kid_with*
	户口性质（城市＝1，农村＝0）	*hukou*
	家庭月净收入（家庭月收入减去生活消费支出）（千元）	*n_income*

前期准备工作完成后，我们首先利用权重调整后的省级层面数据对发生随迁子女教育政策改革的地区（包括福建、江苏、山东、河北、辽宁）以及改革力度较弱的对照地区（包括广东、浙江、北京、天津和广西）农民工拥有住房比例进行比较。可以发现，不论是处理组还是控制组沿海地区，总体上都出现了相近的农民工购房比例小幅上升态势，组间变化趋势无系统性差异，整体上满足双重差分估计的共同趋势假设。进一步，我们利用微观数据来考察随迁子女教育政策改革对劳动力流动的影响。通过表6－8的回归结果可以发现，随迁子女教育政策改革对结果变量的影响显著为正，使得农民工在改革省份购房的概率显著增加。也就是说，地方政府越是加大对随迁子女教育政策的改革力度并降低入学的限制门槛，就会吸引更多的农民工在改革地区购房安家，从而“洼地效应”就越明显。其他控制变量对农民工购房决策的影响包括：（1）反映家庭实际收入水平的月净收入（家庭月收入减去生活消费支出）越高，农民工在流入地购房的概率也越高，实际收入水平在农民工的购房决策中仍在发挥很大作用。（2）在流动人口的个体特征方面，年龄越大、受教育程度越高的农民工在流入地购房的概率也越高，女性农民工的购房概率要显著高于男性农民工，有外出务工经验以及流入地户籍的农民工在流入地购房安家的概率也越高。（3）在抚养人口方面，有老人随迁的家庭在流入地购房的概率较高，而有子女随迁的家庭则会在一定程度上降低农民工在流入地的购房概率。

表 6－8　随迁子女教育政策改革对农民工购房决策的影响

项目	模型 1		模型 2		模型 3	
VARIABLES	$Probit_{house}$	标准误	$Probit_{house}$	标准误	$Probit_{house}$	标准误
decision_year	0.018 ***	(0.004)	0.021 ***	(0.004)	0.025 ***	(0.004)
decision	－0.101 ***	(0.002)	－0.093 ***	(0.002)	－0.103 ***	(0.002)
year	0.020 ***	(0.001)	0.012 ***	(0.001)	－0.014 ***	(0.002)
n_income			0.005 ***	(0.000)	0.004 ***	(0.000)
age			0.005 ***	(0.000)	0.005 ***	(0.000)
hukou			0.102 ***	(0.003)	0.108 ***	(0.004)
education			0.038 ***	(0.001)	0.044 ***	(0.001)
gender					－0.031 ***	(0.002)
old_with					0.071 ***	(0.004)
kid_with					－0.016 ***	(0.003)
mig_exp					0.005 ***	(0.000)
Constant	－40.481 ***	(2.148)	－24.914 ***	(2.125)	27.437 ***	(3.337)
Observations	95020		94734		72982	
R-squared	0.030		0.094		0.108	

注：根据国家卫生计生委流动人口动态监测数据库整理，***、**和*分别表示在1%、5%和10%的水平下差异显著。

接下来将分两步对随迁子女教育政策改革的异质性进行检验：第一，考虑到有7～15岁的义务教育年龄段适龄儿童的家庭会对政策更为敏感，并且这一年龄段儿童是当前农民工随迁子女的主要群体，因此我们在异质性检验中纳入家庭是否拥有义务教育阶段适学儿童的虚拟变量，来观测随迁子女教育政策改革给是否拥有适学儿童家庭所带来的购房决策的变化；第二，有部分学者认为，随迁子女是由于更多的流动人口进城工作而相应产生的，而并非更好的教育政策带来的结果。除非随迁子女在流入地可以就地参加升学考试，否则很难出现真正意义上的“洼地效应”。为了剔除教育与购房决策的相互影响，我们进一步区分了在政策观察期内，改革地区中是否可以让随迁子女参加异地高考的虚拟变量①。

如表6-9，从异质性检验的回归结果中可以看出：（1）对于拥有义务教育阶段适学儿童的家庭而言，家庭抚养比增加导致其农民工父母的购房概率显著降低。但在随迁子女教育政策改革的冲击下，政策交互项 *policy_kid_with* 的回归系数显著为正，表明有义务教育阶段适学儿童的家庭，在随迁子女教育政策改革后在改革地区购房安家的概率显著增加。也就是说，随迁子女教育政策改革对有义务教育阶段适学儿童的家庭购房决策具有更为明显的促进作用。（2）通过纳入异地高考虚拟变量的政策交互项 *policy_upgrade* 的回归结果也表明，相对于其他实行随迁子女教育政策改革的地区，允许随迁子女参加异地高考的地区对农民工家庭的吸引力更大，相应情况下农民工家庭购房安家的概率也明显增加。所以综合来看，允许农民工随迁子女异地高考，是目前改革效果最明显的一项教育均衡政策。

① 在2010年12月启动的国家教改试点中，山东、湖南、重庆被确定为首批异地高考试点省市。虽然山东实行异地高考有两年的政策缓冲期，但是作为国家首批异地高考试点省份的政策预期实际已经产生，这对于随迁子女教育均衡政策改革而言无疑是极为关键的一环。为此，我们进一步纳入是否可以让随迁子女参加异地高考的虚拟变量，以便与其他改革地区进行区分。

表 6－9　随迁子女教育政策改革对农民工购房决策影响的稳健性检验

	模型 4		模型 5		模型 6	
VARIABLES	$Probit_{house}$	标准误	$Probit_{house}$	标准误	$Probit_{house}$	标准误
decision_year	0.024***	(0.004)	0.025***	(0.004)	0.043***	(0.004)
decision	-0.091***	(0.002)	-0.097***	(0.002)	-0.051***	(0.003)
year	0.011***	(0.001)	0.019***	(0.002)	0.001	(0.001)
n_income	0.005***	(0.000)	0.004***	(0.000)	0.005***	(0.000)
age	0.005***	(0.000)	0.005***	(0.000)	0.004***	(0.000)
education	0.039***	(0.001)	0.044***	(0.001)	0.040***	(0.001)
hukou	0.099***	(0.003)	0.107***	(0.004)	0.105***	(0.003)
gender	-0.026***	(0.002)	-0.029***	(0.002)	-0.027***	(0.002)
old_with	0.084***	(0.004)	0.067***	(0.004)	0.070***	(0.004)
mig_exp			0.005***	(0.000)	0.002***	(0.000)
kid_with			-0.013***	(0.003)		
policy_kid_with			0.099***	(0.004)		
upgrade					-0.008**	(0.003)
policy_upgrade					0.036*	(0.019)
Constant	-22.108***	(2.122)	-38.934***	(4.325)	-2.854	(2.799)
Observations	94734		72982		68406	
R-squared	0.101		0.115		0.112	

注：根据国家卫生计生委流动人口动态监测数据库整理，***、**和*分别表示在1%、5%和10%的水平下差异显著。

四、结论与政策启示

本章通过对21世纪以来人口流动格局和住房现状的梳理，结合随迁子女教育对农民工购房决策的影响分析，利用国家卫生计生委的微观数据分析比较了不同地区的随迁子女教育政策对农民工购房决策的影响，从准自然实验视角提供了地方政府关于随迁子女教育政策“洼地效应”的证据以及“为教育而购房”的作用机制。分析结论认为，以农民工为主体的流动人口普遍存在着人口和家庭基数较大、住房支付能力较弱、人口流动性较高等特点。随迁子女教育均衡政策的出台会吸引更多的外来学龄儿童进入改革地区入学，并带动改革地区农民工购房比例的显著提升。改革力度越大、随迁子女入学的门槛越低、升学的限制条件越小，对流动人口及其子女的吸引力就越大。相对于其他教育均衡政策而言，异地高考试点对农民工购房决策的影响更加明显。

上述研究结论的背后也蕴含了大量丰富而有价值的政策信息。中国当前正处于人类历史上最大规模的城镇化加速进程之中，迁移模式已经由传统的劳动力个体迁移逐渐向家庭式迁移转变，以家庭收益最大化和家庭风险最小化为基本假设的新迁移经济学理论更加符合当前中国的人口迁移特点，而子女受教育因素已成为当前农民工购房决策中所考虑的最主要因素之一。中国的新型城镇化离不开劳动力的自由流动，更离不开流动人口的社会融合和随迁子女的教育均衡政策改革。然而，在当前国家层面随迁子女教育政策改革逐步深化的背景下，具体由哪一级地方政府负责、地方各级政府之间如何分担支出责任等问题依然处于半明确、半模糊的状态。许多地方政府依然担心，大力推进随迁子女教育均衡政策后，是否会吸引更大规模的外地随迁子女前来入学以及定居生活，从而引发一个典型的“洼地效应”问题。如果仅从地方政府的角度考虑，消极应对改革或者为流动人口随迁子女提供有限的教育条件将不失为一种理性选择。但就全国层面来看，地方政府的这种自利行为将会带来巨大的福利和效率损失，导致新型城镇化动力不足和社会再度分割，依靠农民工市民化去房地产库存将只是一个空中楼阁。

为此，本章认为，要从新型城镇化和国家长远发展的战略高度来协同推进随迁子女教育政策改革，以及教育制度改革与住房制度改革之间的联动性。特别是要坚持在“以流入地政府为主、以公办学校为主”的前提下，将随迁子女教育纳入国家和地方财政保障范围，将常住人口纳入区域教育发展规划。进一步强化中央政府在随迁子女教育问题上的主体责任，并明确、细化各级地方政府的支出责任，针对不同地区流动人口随迁子女规模及地方财力情况，考虑在生均公用经费、基建经费等方面实施不同比例的分担机制。在原则上不改变现有“分级负责、以县为主”的城乡义务教育管理体制的前提下，由中央财政统筹，按动态性学籍对包括随迁子女在内的义务教育学生进行人头拨款，在学龄儿童迁移行为发生时实行“钱随人动”。与此同时，在城镇规划和土地出让时，必须保障随迁子女集中地区相对均衡的师生比和教育用地，明确随迁子女就近入学的义务教育学校；对于公办学校学位不足的地区，可以通过政府购买服务方式安排随迁女子在普惠性民办学校就读；实现公办学校混合编班和统一管理，促进随迁子女在流入地学校和社区的完全融入。最后，我们也深刻认识到，随迁子女教育问题的更深层次原因还是户籍制度和城乡二元结构问题。要彻底消除隐藏在户籍背后的身份差异和基本权利不平等，仍将是我国深化体制改革和新型城镇化战略的关键和长期任务。

第七章　人口结构对住房需求的影响

根据人口结构变化来研究房地产市场走向一直被视为住房需求评估的基本方法。早在20世纪80年代，美国著名经济学家曼昆就通过人口年龄结构准确预测到2007年前后美国住房价格的大幅下降趋势。大量研究表明，美国次贷危机的集中爆发以及房地产泡沫的破灭，几乎与美国的人口生育周期一脉相承。而我国自2003年前后出现的住房需求高涨现象，也与发端于1980年并一直持续到20世纪90年代初期的“婴儿潮”有关。未来20年，由于城镇化、户籍制度、计划生育政策等多因素的综合作用，我国的人口结构和住房市场将会迎来一个相当长的调整期。

一、国内外研究进展

继Mankiw等的先驱性研究之后，国内外学者关于人口结构与住房需求问题的研究视角大致集中在以下几个领域：（1）人口的自然结构，主要包括人口的数量、年龄、性别以及由此衍生出来的人口抚养比、少年抚养比等；（2）人口的社会经济结构，主要涉及人口的收入结构和人力资本状况；（3）人口的空间结构，即人口的空间集聚、迁移行为对特定国家和地区住房市场造成的外生冲击。

（一）人口自然结构视角

按照国际上通行的人口年龄结构划分类型，15 ～ 64 岁被视为劳动年龄人口，0 ～ 14 岁和 65 岁及以上则被视为非劳动年龄人口[①]，而劳动年龄人口的比例越高，住房需求也就越大。Ohtake et al（1996）对日本住房市场的研究以及 McFadden（1994）对美国住房市场的研究大多支持这一论点，即人口年龄超过一定门限值后，住房自有率将会随着年龄的增加而降低。这是因为理性消费者退休后会倾向于卖掉自有住房去选择租房，这类似于利用反向住宅抵押贷款提高自己的消费能力和生活水平。但关于年龄的门限值学者们却莫衷一是，McFadden（1994）和陈斌开等（2012）认为是 50 岁，而 Andrews et al（2011）、Chiuri et al（2010）则分别认为是 65 岁和 70 岁。另外，Neuteboom et al（2007）对荷兰住房市场的研究表明，住房需求会随着家庭人口年龄的增长而上升；Lindenthal et al（2010）认为，人口的老龄化并不能有效降低住房需求，只有当居民年龄处于生命周期的末端时，住房需求才会出现明显下降的现象。同样，少年人口抚养比例提高后，由于抚养孩子的支出增加，在孩子未成年时父母会倾向于暂时减少购房支出。

关于中国人口自然结构的研究主要聚焦于人口抚养比[②]和性别比。徐建炜等（2012）利用实际房屋价格指数研究发现，人口抚养比例与住房需求呈现出显著的负相关关系，即：人口抚养比例下降，住房需求会相对上涨；人口抚养比例上升，住房需求则会相对下降。进一步将人口抚养比划分为老年人口抚养比例与少年人口抚养比例，并控制变量的

① 详见：《人口手册》（中译本）。
② 详情可见徐建炜等（2012）、陈斌开等（2012）、刘学良等（2012）。

相关性之后，发现少年人口抚养比例与老年人口抚养比例都会对房屋需求和价格产生负向影响。杨华磊等（2015）从人口世代更迭的视角分析认为，在人口红利期和人口负债期，中国的储蓄、房地产以及资产市场呈现不同的趋势性特征。在人口红利期，储蓄率持续上升，房地产及其他资产价格面临上行压力。随着人口红利期结束，社会开始进入人口负债期。未来中国老龄化加速、储蓄率趋于下降，房地产价格以及风险较大的权益资产价格将面临下行压力。杨华磊等（2015）通过一个住房市场均衡的理论框架考察人口的年龄结构对住房市场的影响，并以1960—2010 年我国出生人口的分析为基础，研究发现：随着“婴儿潮”下诞生的“80 后”在 2001 年左右步入婚配年龄，住房价格面临上升的压力；随着“90 后”出生低谷一代在 2014 年左右步入婚配年龄，实际住房需求开始出现下降趋势。相对于人口的年龄结构，Wei et al（2012）研究发现，人口的性别比对住房需求的影响存在双向效应。一方面，人口性别比失调所引起的“婚姻拥挤”现象会导致社会家庭数量少于性别比平衡时的家庭数量；与此同时，社会家庭数量的减少会进一步使住房的潜在需求减少。另一方面，人口结构中性别比例较高的一方会面临更大的购房压力。以中国为例，当前 119/100 的男女性别比（部分省份高达137/100）导致有儿子的家庭购房压力明显大于有女儿的家庭，大约有 30% 的房价飙升背后可以用人口比例失调进行解释。张安全等（2017）基于地位寻求理论，分析了男女性别比例失衡对中国城市房价的可能影响，并采用 2005—2014 年省级面板数据进行了实证检验。结果表明，男女性别比例失衡是引起城市房价上涨的重要原因，且在省级层面上能够解释6% ～23% 的住房价格上涨。同时，男女性别比例失衡对房价的影响具有明显的门槛特征，住房支付能力越弱的地区，男女性别比例失衡对房价的影响越大。

（二）人口社会经济结构视角

无论是从微观调查数据还是从宏观分析来看，高收入人群、高收入地区的住房需求明显要高于低收入人群和低收入地区（赵奉军等，2012），这一规律得到了大量经验研究的支持。例如2010年美国的一项住房调查显示，81.7%的中位数收入以上的家庭购买了住房，而中位数收入以下的家庭购买住房的比例只有51.4%。其他高收入国家如荷兰（David，2005）、挪威（Larsen，2010）、英国（Ray et al，2011）以及部分欧元区国家（Vansteenkiste et al，2011）[①] 的研究也大多支持收入与住房需求之间的这种正相关关系。但是，如果将高收入与低收入国家进行横向比较，该结论就未必成立。如在欧盟内部，德国居民购买自有住房的比例仅为42%，而匈牙利、罗马尼亚和保加利亚却均在90%以上。所以另一种观点认为，一国的收入水平与住房需求之间可能存在一种非线性的相关关系（Fisher et al，2003）。和收入结构因素的模糊性相比，经验研究中对人力资本与住房需求之间的正相关关系持有一致意见（Giovanni et al，2010）。Browning et al（2008）从微观个体预期角度进行的研究表明，对自身人力资本价值有升值预期的居民会有着更强烈的改善性需求，这将会导致房价的上涨。Lindenthal 和 Eichholtz（2010）通过控制英国居民的受教育程度、健康状况等相关人力资本变量之后，发现年龄增长与住房需求下降的反向关系并不成立。据此他们认为，人力资本状况比人口年龄结构更能影响英国住房市场的周期性变化。另外，一些以特定城市为目标区域的实证研究也同样揭示了住房需求与人

① 该文选取了7个欧元区国家，分别是德国、爱尔兰、西班牙、法国、意大利、荷兰、比利时。

力资本、城市经济增长之间的高关联度，住房市场不景气的地区往往意味着人力资本的下降和城市的衰落（Glaeser et al，2005），人力资本整体水平较高且保持稳定的地区，其房价的波动幅度也会越小（DiVenti，2009）。在美国的次贷危机中，以旧金山和洛杉矶为代表的“阳光地带”，其房价的跌幅要远远小于以底特律为代表的“冷冻地带”。Dent（2004）在其著作《下一个大泡沫》中研究发现，房地产市场的景气程度与人口出生率和经济周期息息相关。他认为，美国战后生于1946—1964年的“婴儿潮”一代，在1992—2018年将进入个人净资产、消费和投资的高峰期，这一代人创造的财富、盈余和经济周期，将在2005—2009年达到空前繁荣的顶点，之后则会历经一个长期萧条的阶段。

（三）人口空间结构视角

关于人口空间结构的研究主要涉及人口的空间集聚、迁移行为及城市化等，从本质上看，三者都是人口在空间上的流动过程，只是流动的距离和方向有所差别而已。Lee et al（2001）在Mankiw et al（1989）模型的基础上，增加了净移入的移民数量和住宅金融政策两个变量。通过分析统计数据认为，在其他条件不变的前提下，经过移民数量进行改进的人口结构数据对住宅需求的变化存在显著影响。但同时他们也认为，人口数量只是住房需求变化的决定因素之一，而并不能解释所有的住房需求变化。Daniel et al（2011）利用滞后自回归ADL模型，对移民比例较高的以色列海法市1989—1999年月度数据研究表明，移民因素对住房需求的影响要明显大于其他地区。Saiz（2003）针对美国大都市区的研究发现，移民数量每增加1%，购房需求和租赁需求将会出现1.5%的上涨幅度。Ather et al（2012）利用人口普查面板数据对加拿大外来移民和房价的相关关系研究也同样得出了类似结论。上述研究的一个共同特点是其主要研究对象集中在发达国家，其中大多数已经完成了城市化和工业化，所以其人口空间结构问题很大程度上来自国际移民。而发展中国家特别是二元结构明显的后发大国，却大多处于城市化的加速进程当中（倪鹏飞，2012）。因此，以城市化为主导的人口空间集聚过程往往成为发展中国家人口空间结构研究的主流。Jain（2011）认为印度城市化进程的加快和城市规模的扩大推动了住房需求的上涨。骆永民（2011）基于中国30个地区1998—2009年的面板数据分析发现，城市化水平对本地区和邻近区域的住房需求和价格均产生了显著的拉动作用，且在经济发展水平较高、人力资本丰裕的地区，城市化产生的作用更加明显。杨华磊等（2016）以家庭户为单位考察了人口迁移、城镇化以及住房市场之间的关系，房价的运动轨迹呈现出类似城镇化速度“先加速上升，后减速上升，再加速下降，最后减速下降”的“钟型轨迹”，中国各大区域板块或不同层级城市板块之间的房价可能存在钟型曲线接力式传递的特征。在历年新增基础需求和增长率上城镇化贡献最大。以2006年以后为例，仅城镇化改变引致的基础需求增量和增长率分别解释了基础需求增量和增长率的77%和88%。

综合来看，无论是人口自然结构，还是人口社会经济结构和空间结构，均是影响中国目前住房市场稳健均衡发展的关键因素。而现有研究面临的主要局限在于：第一，目标区域的选择主要集中在特定国家和特定城市，样本量过于狭小，经验研究的结论也很难具有普适性；第二，变量的选择只是针对人口结构问题的某一方面或具体问题，缺乏综合系统性的研究（如诸多文献中将人口结构等同于人口年龄结构）；第三，住房市场存在显著的空间相关性。如Holly et al（2010、2011）对英美两国的经验研究均发现，住房需求在空间层面存在显著的相关性，因此忽略空间因素谈住房市场可能会导致有偏的估计结果。基于此，本章将围绕上述三个方面进行研究拓展。

二、国际经验

（一）国别研究

（1）美国。人口结构与住房需求的相关分析最早开始于美国，因而早期具有代表性的研究都是围绕美国市场展开的。Mankiw et al（1989）预测美国房价将在2003年前后跳跃式上涨的理由是，在“婴儿潮”高峰期出生的婴儿20年后开始集中进入住房市场，住房整体需求上升导致房价上涨迅速。继Mankiw et al（1989）之后，MCFadden（1994）认为，美国的人均住宅消费在20世纪40年代以后有上升的趋势。特别是在70年代“婴儿潮”高峰20年之后，这种消费上升的速度十分明显。同时研究还表明，人口年龄在50岁以后，对住房的需求会出现明显的下降趋势。因此，文章据此得出结论认为，人口结构的变化是导致七八十年代住房真实价格急剧上升的原因，但随着人口出生率的下降，也将导致接下来30年住房真实价格的显著回落。通过对比1935—2009年美国实际房价和生育率随时间变化的情况可以发现，在20世纪70年代以前生育率较高的年份，美国的实际房价以及增长率并不高，而在20世纪70年代以后生育率开始下降，实际房价开始波动上升，并在次贷危机前后达到历史峰值（见图7－1）。由此可见，Mankiw et al（1989）关于“婴儿潮”的外生冲击判断比较接近于美国住房市场的实际情况。

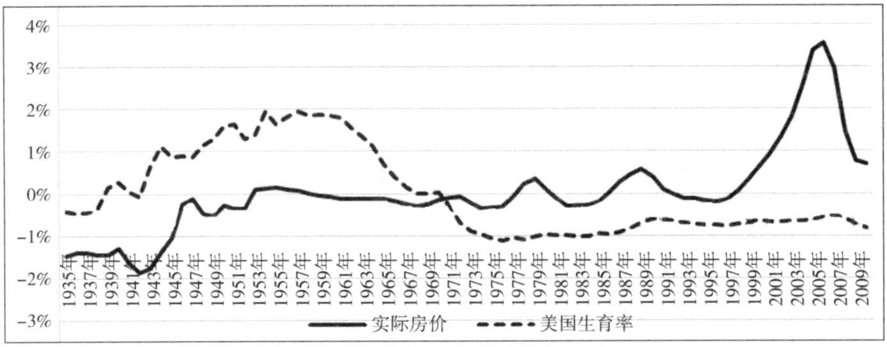

图 7-1　1935—2009 年美国实际房价与生育率变化趋势

（2）日本。Fumio Ohtake et al（1996）运用了 Mankiw et al（1989）的分析方法，对日本的人口结构与住房真实价格之间的关系进行了研究。其结果是日本的人口结构与住房需求的关系跟美国既有很多相同点，但也存在不一致的地方。相同点在于日本的人口结构对住房需求同样存在显著影响，而不同点在于这种外生冲击的滞后期并不像美国那样长达 20 年之久。他们还认为，人口结构变化能通过住房市场的短期调试过程，对住房价格产生显著影响。此外，高城市化率也是影响日本房地产市场的因素之一。20 世纪 70 年代日本城市化进程的加快对土地资源和住房产生了旺盛的需求，地价指数的年均增长率超过 10%，1955—1973 年，日本的城市化率为 56% ~ 72%，住宅建设量年均增速为 12%，城镇住宅投资占 GDP 的比重在 1973 年达到了 9.1% 的峰值水平。1984—1991 年人们对土地的增值收益预期带动了对土地的投资和投机行为，城市地价指数上涨了 66%，远超过同期 12.6% 的消费者物价指数（Knoll et al，2017）。作为衡量住房市场健康状况的重要指标，房价收入比通常被用来评价房地产市场与经济基本面是否相适应。从房价收入比偏离其长期趋势线的程度可知，20 世纪 70 年代日本房价收入比偏离长期趋势线的幅度较大（见图 7-2），而其他 OECD（经济合作与发展组织）国家偏离的幅度并不十分明显（郭克莎等，2018）。

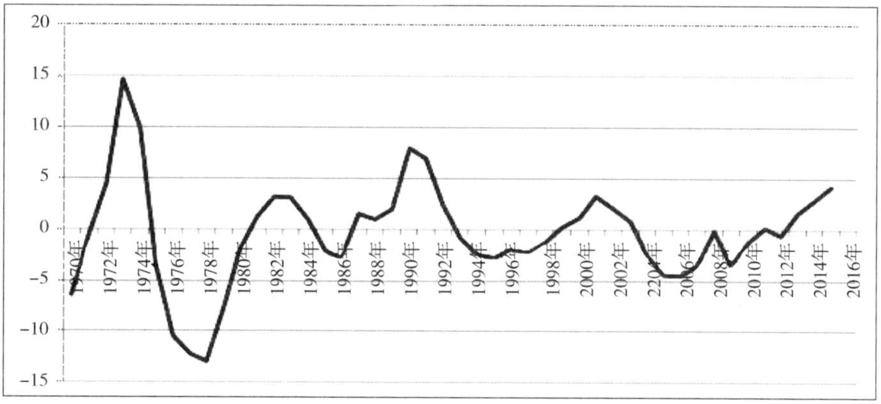

图 7－2　1970 年以来日本房价收入比对趋势线的偏离

数据来源：根据 OECD 数据库相关数据测算；郭克莎等（2018）。

（3）英国。Eichholtz et al（2009）将生命周期变量从系列变量中独立出来以保持不变，据此对人口结构变化如何决定英国住房服务需求的数量和质量进行了分析。他们的研究结论表明，英国的住房需求与人力资本状况显著相关，包括受教育程度的增加、收入的增长，以及健康状况的改善等，都一定程度上增加了住房需求。当控制了教育、收入、健康等相关变量之后，住房需求随着年龄的增加而出现上行趋势。因此，Eichholtz et al（2009）认为，人口的老龄化并不能有效降低住房需求，只有当居民年龄处于生命周期的末端时，住房需求才会出现明显下降的现象。Filipa Sá（2011）却认为，英国的移民输入会显著降低本地的教育质量，从而导致收入较高的原住民选择“用脚投票”迁往其他地区，进而对本地的住房需求产生一种“消极的收入效应”。

（4）澳大利亚。Karantonis（2009）在对悉尼住房支付能力的研究中发现，人口的快速增长可以很大程度上解释住房需求的增长和住房支付能力的显著下降。图 7－3 显示了 1993 年 9 月至 2007 年 3 月悉尼市的人口增长与住房价格中位数的变化趋势，从图中我们不难发现，21世纪以来，悉尼市的人口和住房价格保持了一个同步上升的趋势。然而从供给方来看，新增住宅的数量却并没有与人口的迅速增长保持同步（见图7－4），反而进入了一个自20世纪50年代以来的低谷期（BIS Shrapnel，2008）。因此，作者认为，悉尼住房支付能力位居全球城市倒数第二的现状，很大程度上是由于政府的住房政策未能全面考虑这种人口结构变化所带来的外生冲击。Birrell et al（2008）结合澳大利亚其他城市的对比研究直接指出，悉尼市高房价的诱因主要是高端人才的大量涌入。

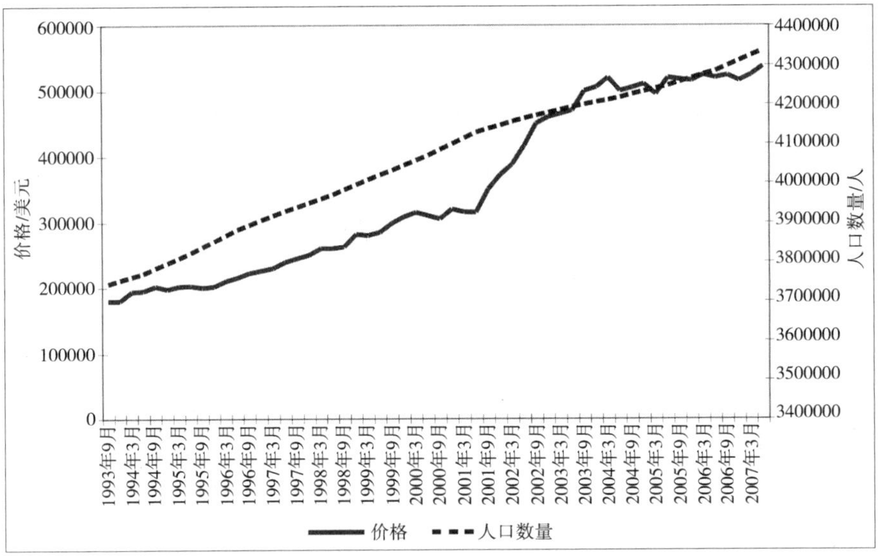

图7－3　悉尼市人口增长与住房价格变化趋势

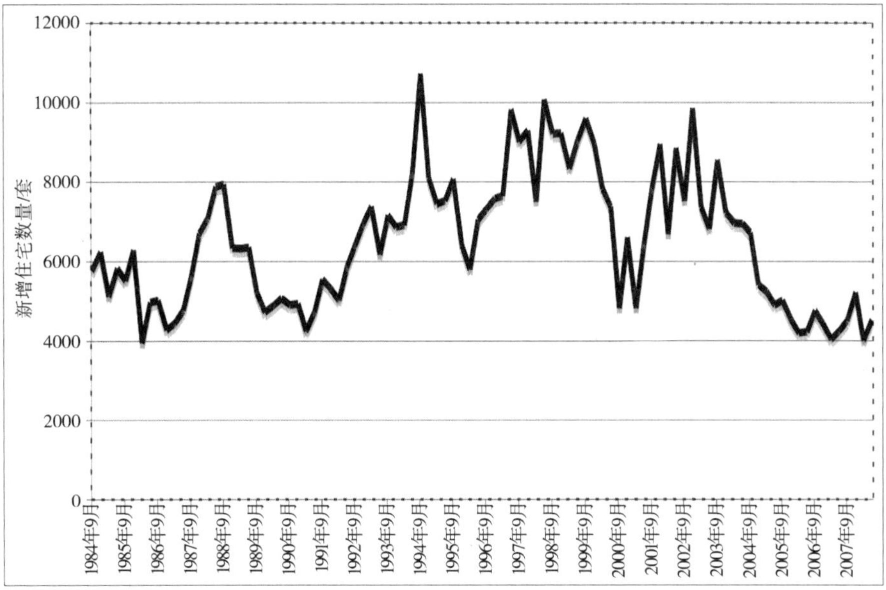

图 7－4　悉尼市新增住宅量变化趋势

（二）比较研究

徐建炜等（2012）利用 19 个 OECD 国家[①] 1970—2008 年的实际房屋价格指数进行了研究。该指数是 OECD 组织根据每年各个国家的中央银行或者财政部报告的名义房屋价格变化情况加权计算名义房屋价格变化率，然后以 2000 年为基期推算每年的名义房屋价格指数，再以消费物价指数调整计算后得到的。他们的研究结论表明，绝大多数 OECD 国家的人口抚养比与房屋价格变动呈现出显著的负相关关系，即人口抚养比下降，房屋价格水平会相对上涨；而人口抚养比上升，房屋价格水平则会相对下降。在 19 个样本国家中，只有丹麦、芬兰、德国、韩国出

① 这 19 个国家包括澳大利亚、加拿大、丹麦、芬兰、法国、德国、爱尔兰、意大利、日本、韩国、荷兰、新西兰、挪威、葡萄牙、西班牙、瑞典、瑞士、英国和美国。

现了意外。作者认为，这与其他没有被控制的因素有关。其中，丹麦与芬兰是高福利的北欧国家，政府福利政策的影响，导致了老年抚养比与房屋价格呈现出显著的正相关关系，而少年抚养比仍然与房屋价格呈现负相关。德国的异常点出现在两德统一前后，在其他时间段，仍然遵循人口抚养比与房屋价格变动的负相关关系。韩国的异常值来源于1988年汉城奥运会的外生冲击，1992年韩国政府大力推出200万套保障性住房后，房价不久就出现下行趋势，并在东南亚金融危机之后房价再次受挫。这些外生冲击，抑制了人口抚养比对房价的影响。再进一步将人口抚养比划分为老年人口抚养比与少年人口抚养比，并控制变量的相关性之后，少年人口抚养比与老年人口抚养比都会对房屋价格产生负的影响。所谓“老年人推高房价”的推断，在OECD国家样本中并不成立。

Chiuri et al（2006）关于17个OECD国家的实证研究也表明了人口年龄与住房需求的负相关规律，即居民年龄超过70岁之后，平均每岁的住房拥有率将会降低0.5个百分点。这是因为人们到退休年龄后，有些人会卖掉自己的房子去租房住，这类似于利用反向住宅抵押贷款提高自己的消费能力和生活水平。Andrews et al（2011）对若干OECD国家近年来不同年龄段的住房拥有率研究发现，在65岁之前，住房拥有率基本上随着年龄的上升而上升。而过了65岁后，大多数国家住房拥有率反而有所下降（见图7－5）。

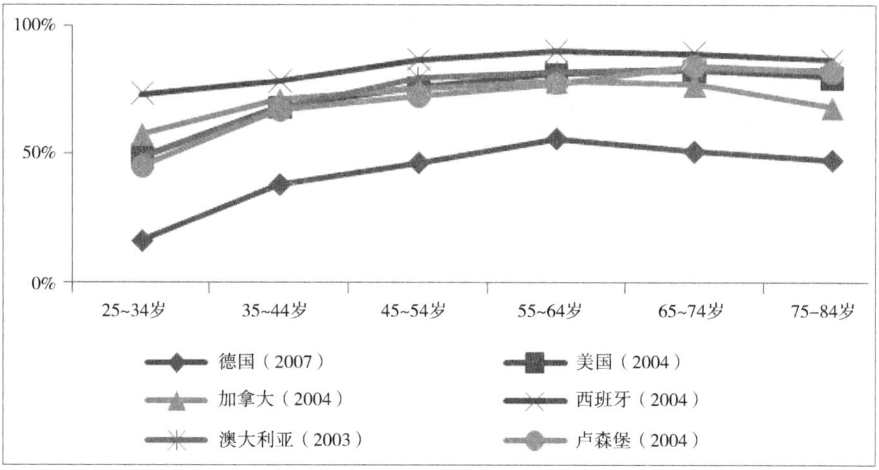

图 7－5　部分 OECD 国家近年来不同年龄段的住房拥有率

数据来源：Andrews et al（2011）。

三、实证研究

（一）模型设定和数据描述

根据美国人口咨询局（2001）关于人口结构的相关定义以及 Lindenthal et al（2010）的前期研究，本章以中国各地级和地级以上城市为研究样本，选取各城市的人口结构变量，包括常住人口数量（*population*）、流动人口数量（*migrant*）、人力资本（*h_capital*）、人均可支配收入（*income*）、人口抚养比（*raise*）和少年抚养比（*y_raise*）作为主要观测变量，并控制新增住宅用地面积（*land*）、住宅投资（*invest*）和现有住房满意度（*e_house*）等影响住房需求的相关因素，设定计量模型如下：

$$h\_demand_{it} = \alpha_0 + \sum_{n=1}^{5}\beta_n dem_{it} + \beta_6 land_{it} + \beta_7 invest_{it} + \beta_8 e\_house_{it} + \mu \quad (1)$$

本章使用的数据来源主要有两部分：其一为宏观数据，包括中国社会科学院城市与竞争力指数数据库及2002年、2006年、2010年、2011年《中国城市统计年鉴》《中国城市建设统计年鉴》《中国区域经济统计年鉴》；其二为微观数据，来源于中国社会科学院城市与竞争力研究中心、竞争力模拟实验室2001年、2005年、2009年、2010年在全国范围内开展的住房满意度调查。该项调查共涵盖内地（大陆）及港澳台294个城市，采取随机抽样的调查方法，共回收有效问卷17757份。问卷设计中按照满意程度依次由低到高划分为五个等级，并逐次从个体样本中得到以城市为单元的均值数据。具体的变量选择方法如下：因变量*h_demand*为2001年、2005年、2009年、2010年中国城市的住房需求，我们综合陈斌开等（2012）和Oliver（2012）的做法，用各城市对应年份的商品房屋成交面积和销售均价的交乘项，即各城市的商品房屋成交总额来表示①。在自变量中，*population*为城市人口规模，本章中用各城市市辖区年末人口数量来表示；*migrant*为各城市的流动人口规模，我们用它来衡量各城市的外来人口压力；*h_capital*为该城市的人力资本状况，我们用大专以上文化程度的人口比例来度量；*income*为城市的人均可支配收入；*land*和*invest*分别为该城市对应年度的新增住宅用地面积和住宅投资；*e_house*为现有住房满意度，指标来源于前述调查问卷，用于本章分析的数据为各城市居民对住房满意度状况的评价均值；人口抚养比*raise*采用姚引妹（2010）的建议，将城市非在业人口作为分子、

① 陈斌开等（2012）和Oliver（2012）在各自的研究中分别用住房面积和房价来刻画住房需求。但中国目前的情况是，大城市的人均居住面积小于中小城市，而房价高于中小城市，无论是用住房面积还是房价来单独刻画住房需求均可能造成片面性。因此本章选择住房面积和房价的交乘项来表示住房需求。

在业人口作为分母，具体计算方法为：（市辖区年末总人口 - 市辖区年末单位从业人员数）÷市辖区年末单位从业人员数[①]；少年抚养比 *y_raise* 的估算方法为：各市中小学在校生人数 ÷ 市辖区年末单位从业人员数。面板数据各变量的描述性统计如表 7 - 1 所示。

表 7 - 1　各变量的描述性统计

变量名	变量定义	样本量	均值	标准误	最小值	最大值
h_demand	住房需求	1140	0. 906	2. 763	0. 001	43. 302
population	常住人口	1140	1. 257	1. 573	0. 146	15. 428
migrant	流动人口	1128	0. 203	0. 693	0. 000	9. 362
h_capital	人力资本	1092	6. 060	4. 924	0. 106	31. 501
income	人均可支配收入	1140	1. 076	0. 770	0. 002	3. 569
land	新增住宅用地	1140	2. 890	11. 234	0. 000	211. 000
invest	住宅投资额	1137	0. 498	1. 221	0. 001	14. 766
e_house	住房满意度	1140	3. 157	0. 317	1. 798	4. 240
raise	人口抚养比	1120	6. 986	5. 931	0. 027	53. 866
y_raise	少年抚养比	1120	0. 658	0. 803	0. 031	6. 219

数据来源：中国社会科学院城市与竞争力指数数据库，《中国城市统计年鉴（2002）》《中国城市统计年鉴（2006）》《中国城市统计年鉴（2010）》《中国城市统计年鉴（2011）》《中国城市建设统计年鉴（2002）》《中国城市建设统计年鉴（2006）》《中国城市建设统计年鉴（2010）》《中国城市建设统计年鉴（2011）》和《中国区域经济统计年鉴（2002）》《中国区域经济统计年鉴（2006）》《中国区域经济统计年鉴（2010）》《中国区域经济统计年鉴（2011）》，以及中国社会科学院城市与竞争力研究中心、竞争力模拟实验室在全国范围内组织开展的问卷调查。

---

① 传统人口抚养比的计算方法为：将 15 岁以前和 65 岁以后的依赖型人口作为分子，16 岁至 64 岁的劳动年龄人口作为分母，计算两者之比。而本章的估算方法将失业或丧失劳动能力的劳动年龄人口也纳入依赖型人口里面，这种人口抚养比的估算方法更加接近现实，也最能真实反映在业人口的负担情况。

（二）计量结果与分析

在进行回归分析之前，首先需要对合适的估计方法进行有效判别。F 检验和 B - P 检验的结果显示均拒绝原假设，即面板数据的个体效应十分显著，从而排除混合 OLS 估计方法。进一步，Hausman 检验结果显示，拒绝随机效应模型与固定效应模型系数无系统性差异的原假设（见表 7 -2）。因此，综合以上三种检验结果，本章选取估计效果最为理想的固定效应模型作为主要说明对象，并同时将随机效应模型、混合 OLS 模型的回归结果进行综合比较。

表 7 -2　模型选择及检验结果

检验	模型（1）	模型（2）	判断
F test Prob ＞ F	2. 85 0. 000	2. 80 0. 000	选择固定效应 而非混合效应
B - Ptest Prob ＞ χ^2	117. 45 0. 000	108. 53 0. 000	选择随机效应 而非混合效应
Hausman test Prob ＞ χ^2	98. 51 0. 000	107. 39 0. 000	选择固定效应 而非随机效应

注：为避免多重共线性问题，表 7 -2 将人口抚养比（raise）和少年抚养比（y_raise）分别纳入模型（1）和模型（2）进行检验，其他常规变量不变，余同。

由于考虑到“人口抚养比”与“少年抚养比”变量之间的共线性问题，我们分别将其纳入模型（1）和模型（2）进行回归估计。如表 7 -3，从固定效应模型的估计结果中我们可以看出，除了少年抚养比未能通过显著性检验外，其他解释变量的显著性水平均较高。从各解释变量的回归系数符号来看，常住人口（*population*）、流动人口（*migrant*）、人力资本（*h_capital*）和人均可支配收入（*income*）的回归系数显著为正，表明在控制其他因素不变的前提下，城市的常住人口和流动人口数量越多，人力资本和人均可支配收入水平越高，城市的住房需求也就越大。同时，我们可以进一步通过人口抚养比（*raise*）和现有住房满意度（*e_house*）的回归系数符号来解读当前中国城市的住房刚性需求和改善性需求状况。因为人口抚养比的下降，表明该社会中青年人口的比例上升，而这一年龄段的人群毫无疑问是成家立业的刚性需求主体。现有住房满意度衡量了居民对现有住房的满意状况：若满意程度越高，表明该城市居民对住房的改善性需求越低；反之，若对现有住房的满意程度越低，那么其改善性需求的愿望也就更加强烈。上述两个变量的回归系数符号均显著为负，一定程度上验证了刚性需求和改善性需求构成了当前中国城市住房需求的主体。此外，控制变量中 *invest* 和 *land* 的回归结果表明，城市的住宅投资和供地状况分别对住房需求起到了一定的刺激和平抑作用。和其他因素相比，少年抚养比（*y_raise*）对城市住房需求的影响并不十分明显，这似乎与国际经验研究存在一定偏差，可能是由于中国父母普遍存在着帮子女储蓄买房的现象，因此少年抚养比的增加并不能有效降低当前的住房需求。

表 7－3　固定效应、随机效应、混合效应标准化回归结果

项目	固定效应模型		随机效应模型		混合效应模型	
	(1)	(2)	(1)	(2)	(1)	(2)
population	0.371***	0.349***	0.548***	0.537***	0.543***	0.533***
	(0.048)	(0.047)	(0.021)	(0.022)	(0.019)	(0.019)
migrant	0.066***	0.064***	0.102***	0.097***	0.126***	0.120***
	(0.015)	(0.015)	(0.014)	(0.014)	(0.015)	(0.015)
h_capital	0.071***	0.076***	0.061***	0.066***	0.059***	0.062***
	(0.018)	(0.018)	(0.016)	(0.016)	(0.016)	(0.016)

（续表）

项目	固定效应模型		随机效应模型		混合效应模型	
	(1)	(2)	(1)	(2)	(1)	(2)
income	0.227***	0.237***	0.183***	0.220***	0.192***	0.237***
	(0.020)	(0.022)	(0.016)	(0.018)	(0.017)	(0.019)
land	−0.117***	−0.116***	−0.076***	−0.069***	−0.059***	−0.053***
	(0.020)	(0.020)	(0.019)	(0.019)	(0.020)	(0.020)
invest	0.176***	0.179***	0.112***	0.114***	0.104***	0.105***
	(0.028)	(0.028)	(0.018)	(0.018)	(0.016)	(0.016)
e_house	−0.207***	−0.196***	−0.027	−0.017	−0.003	0.000
	(0.038)	(0.040)	(0.020)	(0.020)	(0.016)	(0.016)
raise	−0.079**		−0.098***		−0.090***	
	(0.032)		(0.019)		(0.016)	
y_raise		−0.030		−0.085***		−0.100***
		(0.021)		(0.017)		(0.017)
constant	−0.023*	−0.021*	−0.023	−0.021	−0.026*	−0.025*
	(0.012)	(0.012)	(0.020)	(0.020)	(0.015)	(0.015)
observations	1033	1033	1033	1033	1033	1033
R−squared	0.456	0.453			0.676	0.677

注：由于随机效应模型采用GLS估计，故R2没有实际意义，本表中未将其列出；括号内为标准误，*** $P<0.01$，** $P<0.05$，* $P<0.1$。

数据来源：中国社会科学院城市与竞争力指数数据库，《中国城市统计年鉴（2002）》《中国城市统计年鉴（2006）》《中国城市统计年鉴（2010）》《中国城市统计年鉴（2011）》《中国城市建设统计年鉴（2002）》《中国城市建设统计年鉴（2006）》《中国城市建设统计年鉴（2010）》《中国城市建设统计年鉴（2011）》和《中国区域经济统计年鉴（2002）》《中国区域经济统计年鉴（2006）》《中国区域经济统计年鉴（2010）》《中国区域经济统计年鉴（2011）》，以及中国社会科学院城市与竞争力研究中心、竞争力模拟实验室在全国范围内组织开展的问卷调查。

四、稳健性检验

住房需求在城市和区域之间会产生相互传导机制，已经得到大量经验研究的支持。根据 Holly et al（2010、2011）和骆永民（2011）的研究建议，本节将全面考察空间因素对城市住房需求产生的系统性影响。检验共分为两个部分：第一，考察各解释变量在空间因素的作用下对住房需求的影响程度是否会发生结构性变化；第二，按照地理区位将数据集划分为东部、中部、西部、东北四大区域，考察各解释变量对住房需求的影响是否会随着区域的不同而发生改变。

（一）模型和空间权重选取

考虑到面板数据集有可能在空间上表现出复杂的异质性和自相关性，使得各解释变量对住房需求的影响在不同空间尺度下呈现出差异化特征，所以本节选取空间变系数回归模型中的地理加权回归模型（geographical weighted regression，GWR）作为基础分析工具，并放松不变常参数全域估计假设，通过可变的局域参数估计对回归方程式（1）加以扩展：

$$h\_demand_{it} = \alpha_0(u_i, v_i) + \sum_{n=1}^{5}\beta_n(u_i, v_i)\,dem_{it} + \beta_6(u_i, v_i)\,land_{it} + \beta_7(u_i, v_i)\,invest_{it} + \beta_8(u_i, v_i)\,e\_house_{it} + \mu \quad (2)$$

与传统方法的重要区别是，方程（2）将变量和参数放在了关联模式多变的情景下考虑，其中隐含了空间距离的信息。(u_i, v_i) 分别代表 i 城市的经纬度信息，我们可以通过任意两点的经度和纬度将其转化为任意两个城市之间的距离，潜在的城市变量参数差异通过空间距离给予了识别。在扩展的 GWR 模型状态下，特定区位的回归参数不再是利用所有样本估计的假定常数，而是利用邻居区域的子样本信息进行局域（local）回归估计，并随着空间位置的变化而相应调整的可变参数，通过邻近位置的局域加权可以将参数估计值表示为：

$$\beta_n(u_i, v_i) = (X^T W(u_i, v_i) X)^{-1} X^T W(u_i, v_i) Y \qquad (3)$$

其中，$W(u_i, v_i)$ 为地理加权回归在观测点 i 的权重矩阵，X、Y 分别为解释变量、被解释变量因子组成的矩阵和向量。如果各样本点在空间上保持均质，即 $\beta_n(u_i, v_i) = \beta_n$，那么回归方程式（2）和（1）等价。但是，在现实经济生活中，空间独立或均质的假定很难成立，特别是在住房需求的相关研究中尤为如此，并衍生出大量有关房地产连锁效应（ripple effect）和扩散效应（diffusion effect）的相关研究（Luo et al，2007）。由此可见，选择合意的空间权重矩阵成为准确刻画空间相互作用的关键，很大程度上决定了模型的拟合效果。根据 Charlton et al（2006）的建议，本节选取高斯距离函数、指数衰减函数和三次方距离函数作为空间权重的基本形式，表达式依次如方程（4）、（5）、（6）所示：

$$\begin{cases} W(u_i, v_i)_{Gaussian} = \phi(d_{ij}/\sigma\theta) & (4) \\ W(u_i, v_i)_{Exponential} = \sqrt{\exp(-d_{ij}/\theta)} & (5) \\ W(u_i, v_i)_{Tricube} = [1 - (q/d_{ij})^3]^3 & (6) \end{cases}$$

其中，d_{ij} 为第 i 个城市与第 j 个城市间的地理距离，ϕ 为标准正态分布密度函数，q 为观测值 i 到第 q 个最近邻居区域之间的距离，σ 为距离向量的标准差，θ 为衰减参数带宽（bind width）①。我们将分别使

① 在空间权重矩阵中，d 和 θ 非常关键。如果 d 较大，则局域模型的解越趋向于全域模型的解；如果 d 等于所研究空间任意两点间的最大距离，则全域和局域两个模型将相等，反之则相反。若 θ 趋于无穷大，任意两点的权重将趋于 1，则被估计的参数变成一致时，GWR 就等于以 OLS 估计的经典线性回归；反之，当带宽变得很小时，参数估计将更加依赖于邻近的观测值（Lesage，2004）。

用上述三种随距离单调递减的权重矩阵函数对模型进行估计并从中择取最优。

表7-4显示了基于高斯距离函数、指数衰减函数和三次方距离函数的GWR模型整体拟合状况的对比，并提供了三种权重矩阵下的最优带宽参数和最邻近距离。从三种距离函数的拟合优度对比来看，三次方距离函数的拟合状况要略优于其他两种估计方法。为此，在模型结果的分析报告中，将主要以三次方距离函数加以说明。

表7-4 基于三种空间权重矩阵的GWR模型整体拟合状况的比较

年份	高斯距离函数 (Gaussian Distance)	指数衰减函数 (Exponential Distance)	三次方距离函数 (Tricube Distance)
2001年	$R^2=0.9616$ $\overline{R^2}=0.9605$ *bind width* = 4.4721	$R^2=0.9945$ $\overline{R^2}=0.9943$ *bind width* = 2.5832	$R^2=0.9993$ $\overline{R^2}=0.9992$ *q-nearest* = 13
2010年	$R^2=0.9412$ $\overline{R^2}=0.9395$ *bind width* = 4.4721	$R^2=0.9914$ $\overline{R^2}=0.9912$ *bind width* = 3.0396	$R^2=0.9948$ $\overline{R^2}=0.9946$ *q-nearest* = 29

注：模型中被解释变量 *h_ demand*，观察点数为285，解释变量个数为8个。

（二）解释变量回归参数的时空变化

从GWR模型的回归结果来看，全国大多数城市的回归参数符号与固定效应的回归结果基本一致（见表7-5），表明采用固定效应的面板回归模型拟合状况良好，实证结果较为可信。同时，GWR模型的估计结果还可以清晰地显示出各参数的时空变化：其一，从2001年至2010年间，各回归参数的均值普遍呈现出增长之势，表明以人口结构因素为主导的解释变量对中国城市住房需求的影响不但没有降低，反而大幅提高；其二，过去十年中，各城市样本点回归参数的变异系数绝对值大多出现下降的趋势，表明在空间效应下，各城市的住房需求呈现出一定的联动性，由人口结构等因素所引致的住房需求变化（如人口迁移等）会在城市之间相互传导，这样就能很大程度上减轻单个城市住房需求的剧烈波动；其三，通过对比十年来各参数的空间变动趋势（见图7－6和图7－7），人口结构因素的趋同特征得以体现。以城市常住人口变量（*population*）为例，在我们所考察的285个样本城市中，2001年三次方距离权重下GWR模型回归参数为正值的城市为141个，而2010年达到215个；流动人口变量（*migrant*）同样如此，2001年三次方距离权重下GWR模型回归参数为正值的城市为159个，而2010年达到189个。因此，从各解释变量回归参数的时空变化中可以看出，人口结构因素对中国城市住房需求的影响程度在时间和空间上均得到了大幅提高。

表7－5　三次方距离函数下GWR模型各参数估计结果

变量	均值		标准差		变异系数		最小值		最大值	
	2001年	2010年	2001年	2010年	2001年	2010年	2001年	2010年	2001年	2010年
population	0.014	0.176	0.155	0.325	10.837	1.845	－0.697	－1.051	0.607	1.396
migrant	0.146	0.478	0.933	1.398	6.385	2.925	－2.981	－3.457	5.665	3.830
h_capital	0.300	0.468	1.923	3.530	6.421	7.540	－10.425	－14.792	16.697	12.576
income	－0.013	0.069	0.267	0.500	－20.121	7.290	－1.738	－2.011	1.628	1.382
land	－0.001	－0.001	0.024	0.031	－25.652	－31.358	－0.134	－0.080	0.109	0.119
invest	0.079	0.081	0.068	0.047	0.859	0.578	－0.140	－0.045	0.700	0.206
e_house	0.062	0.110	0.314	0.325	5.112	2.948	－0.866	－0.902	2.363	1.238
raise	－0.003	－0.007	0.025	0.033	－7.274	－4.930	－0.131	－0.151	0.201	0.108
constant	－0.207	－0.635	1.059	1.561	－5.114	－2.459	－7.586	－5.860	4.790	3.158

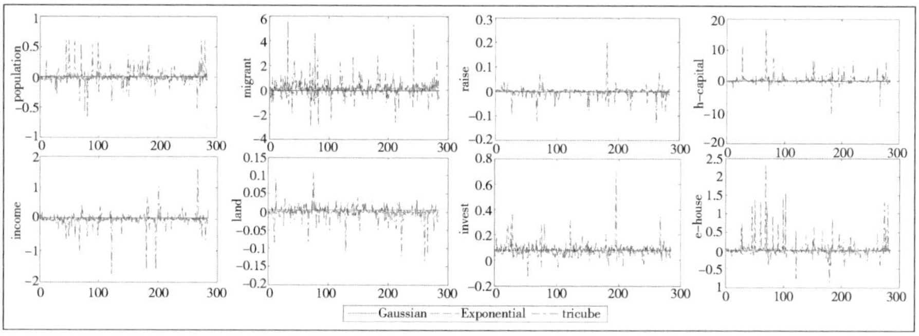

图 7－6　2001 年基于三种空间权重矩阵下各参数的空间变动趋势

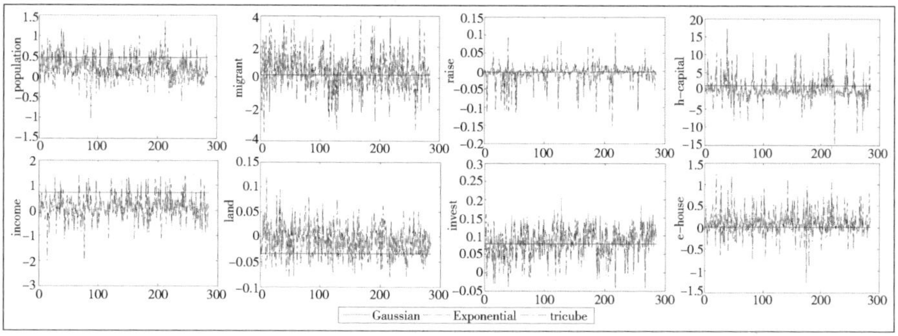

图 7－7　2010 年基于三种空间权重矩阵下各参数的空间变动趋势

注：图 7－6 和图 7－7 为 GWR 模型下各城市样本点的参数估计结果，从左至右、从上至下依次为 *population*、*migrant*、*raise*、*h_capital*、*income*、*land*、*invest*、*e_house*；纵轴为各样本点参数值，横轴为 285 个样本城市按汉语拼音的编号代码，如安康市的代码为 1，遵义市的代码为 285①。

① 限于全文篇幅未将代码表完整呈现，有兴趣的读者可以向作者索取。由于巢湖市于 2011 年 8 月 22 日被一分为三，分别并入合肥、芜湖、马鞍山三市，故本章没有将其纳入样本城市；拉萨市以及新设立的三沙市由于数据不全，样本城市中也没有将它们涵盖。同时，由于拉萨市和三沙市地理位置和住房市场较为特殊，并不影响本章对中国城市住房需求的整体判断。

（三）人口结构的区域效应

从四大区域[①]的拟合状况来看，人口结构因素对住房需求的影响存在明显的区域差异。如表 7 - 6 所示，在控制其他变量的情况下，2010 年东部和东北地区城市 *population* 的回归系数均值分别为 0.227 和 0.584，远高于中部地区的 0.043 和西部地区的 0.084；同样，东部和东北地区城市 *h_capital* 和 *raise* 的回归参数均值的绝对值水平也要高于中西部地区。综合来看，住房需求的这种人口结构矛盾在经济发展水平相对较高的城市和区域更加突出。因为中国当前的经济增长模式仍以劳动投入型为主，经济发展速度较快的城市和区域往往对高学历的劳动年龄人口吸引力相对较高，这种局面会加速中青年劳动力向东部沿海城市集聚，进一步降低东部地区的人口抚养比并导致住房刚性需求的相对增加。与此同时，中国劳动人口的这种跨区域迁移很大程度上表现为“半城市化”状态，户籍制度的存在以及其他有形和无形门槛，导致出现大量流动人口选择在流入地工作而仍在流出地买房的现象。以 2010 年的 *migrant* 回归参数均值为例，作为最大外来人口流入地的东部地区，其均值仅为 0.287，远远低于中部地区 0.608、西部地区 0.397 和东北地区 0.857。表明在空间效应下，东部地区流动人口对当地住房需求的影响程度要相对低于其他三大区域。这一结论进一步揭示出了中国住房需求存在空间失配现象。

---

① 1999 年以来，中国开始对区域发展战略进行调整，逐步形成了由西部大开发战略、振兴东北地区等老工业基地战略、促进中部地区崛起战略和东部地区率先发展战略构成的区域发展总体战略，并由此形成支撑中国区域经济格局的四大战略区域。其中：东部地区包括北京、天津、河北、上海、江苏、浙江、福建、山东、广东和海南；中部地区包括：山西、安徽、江西、河南、湖北和湖南；西部地区包括：内蒙古、广西、重庆、四川、贵州、云南、西藏、陕西、甘肃、青海、宁夏和新疆；东北地区包括：辽宁、吉林和黑龙江。

表7-6　人口结构因素的区域效应考察

区域	年份	统计量	*population*	*migrant*	*h_capital*	*income*	*raise*
东部地区 87个城市	2001	均值μ	0.048	0.379	0.920	-0.065	-0.011
		标准差σ	0.269	0.904	3.308	0.457	0.042
		变异系数*CV*	5.647	2.386	3.596	-6.998	-3.856
	2010	均值μ	0.227	0.287	0.503	-0.015	-0.007
		标准差σ	0.392	1.305	4.793	0.785	0.037
		变异系数*CV*	1.725	4.539	9.529	-51.894	-5.305
中部地区 80个城市	2001	均值μ	-0.004	-0.200	0.059	0.027	0.000
		标准差σ	0.038	0.567	0.455	0.110	0.006
		变异系数*CV*	-8.737	-2.835	7.770	4.109	22.226
	2010	均值μ	0.043	0.608	-0.197	0.142	0.005
		标准差σ	0.248	1.181	1.491	0.344	0.018
		变异系数*CV*	5.713	1.940	-7.585	2.427	3.550
西部地区 84个城市	2001	均值μ	0.006	0.254	0.053	0.016	0.000
		标准差σ	0.060	1.081	0.649	0.088	0.011
		变异系数*CV*	10.565	4.260	12.162	5.416	-182.025
	2010	均值μ	0.084	0.397	-0.072	0.011	-0.002
		标准差σ	0.201	1.694	2.436	0.238	0.018
		变异系数*CV*	2.403	4.266	-33.761	22.410	-7.822
东北地区 34个城市	2001	均值μ	-0.005	0.100	-0.113	-0.047	-0.001
		标准差σ	0.049	1.091	0.516	0.087	0.008
		变异系数*CV*	-9.097	10.959	-4.554	-1.861	-7.392
	2010	均值μ	0.584	0.857	3.278	0.254	-0.044
		标准差σ	0.120	1.235	4.144	0.211	0.048
		变异系数*CV*	0.206	1.441	1.264	0.828	-1.084

数据来源：中国社会科学院城市与竞争力指数数据库，《中国城市统计年鉴（2002）》《中国城市统计年鉴（2006）》《中国城市统计年鉴（2010）》《中国城市统计年鉴（2011）》《中国城市建设统计年鉴（2002）》《中国城市建设统计年鉴（2006）》《中国城市建设统计年鉴（2010）》《中国城市建设统计年鉴（2011）》和《中国区域经济统计年鉴（2002）》《中国区域经济统计年鉴（2006）》《中国区域经济统计年鉴（2010）》《中国区域经济统计年鉴（2011）》，以及中国社会科学院城市与竞争力研究中心、竞争力模拟实验室在全国范围内组织开展的问卷调查。

五、结论与对策建议

本章以人口结构特征为基础，利用面板数据和GWR模型对中国住房需求的影响因素、时空效应以及未来的总体走势进行了综合考察。研究结论认为，城市的常住人口和流动人口数量、居民的收入分配、人力资本状况以及全社会的人口抚养比对中国城市的住房需求产生了显著影响。从各解释变量回归参数的时空变化中可以看出，人口结构因素的影响程度在时间和空间上均得到了大幅提高。分区域的实证研究进一步揭示出中国城市住房需求的人口结构矛盾在经济发展水平相对较高的城市和区域更加突出。同时，由于城乡二元结构和户籍制度的客观存在，大量流动人口选择在流入地工作而仍在流出地买房，导致了中国城市住房需求在区域间出现空间失配现象。为了防止人口结构的周期性波动给住房市场带来大起大落的影响，必须抓住历史契机加快推进住房制度综合配套改革和相关人口政策的调整。

第一，适度调整生育政策稳定住房需求主体。在充分论证二孩政策实施效果的基础上，考虑进一步放开生育限制政策的可行性。从长期来看，人口生育率的增加可以有效防止人口结构的周期性波动给住房市场带来大起大落的影响。一方面，人口抚养比的增加可以增加当前的消费率、减少储蓄率，从而在一定程度上避免中国住房需求的持续高涨；另一方面，出生率的增加可以有效增加未来住房市场的潜在需求主体，使得未来有比较稳定收入的成年人来接续房地产市场，避免需求主体的急剧减少引发的房价硬着陆。总体而言，二孩政策是有利于房地产市场的稳健均衡发展的，但就目前而言，二孩政策的实施力度和强度还无法达到立竿见影的效果。

第二，进一步深化户籍制度改革的深度和广度。改革开放以来，以户籍制度为基础的大量有形和无形门槛，导致大量流动人口选择在流入地工作而仍在流出地买房，造成了严重的职住分离和住房需求的空间失配问题。调查数据显示，仅0.9%的农民工实现了在务工城市购买住房的愿望，而1/3以上的农民工选择在老家县城和乡镇买房。通过户籍制度改革和保障性安居工程建设，可以将这一部分流动性的需求主体稳定下来。在部分条件具备的地区，可以尝试宅基地、房屋和土地使用权跨区域调配置换的可行性。

第三，针对老龄人口比例逐渐升高的趋势，可以参照欧美发达国家反向住宅抵押贷款的运作模式，在建立健全老年保障体系的基础上尝试“以房养老”政策的可行性，适度增加银色住宅和老年公寓的供应量，满足不同年龄段和健康状况老年人的住房服务消费需求。针对农民工和低收入群体的职住不平衡问题，可以通过减免租房税费、鼓励有关部门成立国有房屋租赁经营机构和中介机构等措施，进一步规范租房市场并保护承租行为，从而有效缓解这部分人群的住房压力。

第四，推行差异化的区域住房调控政策。未来20年同样是中国住房市场出现严重分化的时期，城镇化的新态势将会引发不同等级的城市出现不同的市场特点，调控的力度和方式也需要有所差异。下一阶段的城市化将会导致人口的空间结构向东部沿海地区的大中城市倾斜，而三、四线城市的流入人口将会小于其迁出人口。因此，要加快形成以人口流入和流出为基本面的差异化区域住房调控政策，有效预防住房市场的潜在风险。

第八章 政策因素对住房需求的影响

党的十九大报告做出了“坚持全面深化改革”的战略部署，并明确提出“坚持房子是用来住的、不是用来炒的定位，加快建立多主体供给、多渠道保障、租购并举的住房制度，让全体人民住有所居”。围绕住房市场的长效机制建设，相关配套改革也在积极推进之中。综合来看，对未来住房需求产生显著影响的重大政策变革主要有生育政策调整、户籍制度改革、房地产税征收、发展租赁市场、共有产权住房和棚户区改造等。

一、生育政策调整

（一）政策概述

1980 年 9 月，中共中央发表《关于控制我国人口增长问题致全体共产党员、共青团员的公开信》，提倡一对夫妇只生育一个孩子。1982 年 9 月，党的十二大把计划生育确定为基本国策，同年 12 月写入宪法。从 2014 年 1 月开始，全国各省陆续实施“单独二孩”政策。2015 年 10 月，中国共产党第十八届中央委员会第五次全体会议提出，“坚持计划生育基本国策，积极开展应对人口老龄化行动，实施‘全面二孩’政策”。2016 年，全面放开二孩政策开始实施。2018 年 3 月 13 日公布的《国务院机构改革方案》显示，组建国家卫生健康委员会作为国务院组成部门，作为部级机构已经删除了“计划生育”字样，关于生育政策进一步放开的讨论也成为 2018 年“两会”的一项热点议题。受生育政策调整和人口结构因素影响，“十三五”时期总体呈现出少年抚养比和老年抚养比持续增加的趋势。2018 年，我国少年抚养比、老年抚养比和人口抚养比分别上升到 25.84%、27.43% 和 53.26%（见表 8－1），整个社会的抚养保障负担持续增大。

表 8－1　2011 年以来中国主要人口指标变化趋势

年份	少年抚养比 /%	老年抚养比 /%	人口抚养比 /%
2011	23.64	19.63	43.27
2012	23.84	20.66	44.51
2013	23.87	21.69	45.55
2014	24.26	22.80	47.06
2015	24.54	23.91	48.45
2016	24.96	25.05	50.02
2017	25.47	26.26	51.74
2018	25.84	27.43	53.26

数据来源：根据国家统计局相关年鉴和统计公报数据整理计算。

早在“单独二孩”和“全面二孩”政策放开之前，就预期这将推高生育率 20 个百分点，再叠加 20 世纪 80 年代生育高峰期的“婴儿回声潮”，未来数年内年均新生儿数量有可能超过 1800 万人。然而，国家统计局的数据显示，2017 年全国新生儿为 1723 万人，比 2016 年新生儿还减少了 63 万人，人口出生率只有 12.43‰。“全面二孩”政策的实施效果远低于预期。全国妇联发布的调查报告显示，一半以上的一孩家庭没有生育二孩的意愿。全国总工会的调查结果也显示，虽然职工普遍拥护“全面二孩”政策，但高达66%的职工并不愿意生育二孩。国家统计局的数据显示，2010年中国总和生育率为1.18，2015年总和生育率为1.05。由于在人口普查或抽样调查中存在对低龄人口的漏登，人口学者一般认为我国的总和生育率在1.4～1.6。但即便如此，中国的总和生育率在全球仍处于极低水平。世界银行的数据显示，2015年中国总和生育率为1.62，低于全球平均水平2.45，也低于高收入经济体的1.67①。为了使中国人口生育率回归至1.8～2.1的合理区间，鼓励生育二孩乃至于全面放开生育政策可能成为一个大概率事件。

（二）作用机制

长期以来，计划生育政策在控制人口总量规模、提高国民储蓄率方面曾发挥过积极作用。但与此同时也带来了家庭结构小型化以及对住房市场的外生冲击。21世纪以来，中国城镇户均人口从3.13人降低至2012年的2.86人，相比于日本的每户2.46人还有一定的下行空间，这将使住房需求在人口总数不变的情况下仍有继续增加的可能性。在房价上升预期的背景下，计划生育政策导致两代人的储蓄同时爆发性地释放于当前的房地产市场，故而对当前的住房市场造成空前压力。另外，由于传统思想观念和胎儿性别鉴定技术等因素的影响，最近30年来，中国出生婴儿性别一直高于（102～107）：100这一国际社会公认为的恒定值，出现了严重的出生婴儿性别比失衡问题。男女性别比例失衡的一个直接后果就是大量单身男性婚姻推迟或结婚无望的概率增加，进而使

① 详见任泽平等（2018）。

得婚姻市场上男性之间的竞争加剧。国家统计局的宏观统计数据显示，2015 年中国 15 岁以上未婚男女比例已达到 144∶100，接近 30% 的适婚男性在短期内无法婚配。随着男女性别比例失衡情况凸显，婚姻市场竞争加剧，住房作为地位性商品的需求增大（张安全等，2017）。所以，计划生育政策的长期推行，对中国住房需求的影响是长期的和综合性的。

二孩政策全面放开之后，虽然全社会的生育意愿低于有关部门预期，但是全社会人口抚养比还是有所增加。从政策效果来看，二孩政策的放开可以有效防止人口结构的周期性波动给住房市场带来大起大落的影响。第一，人口抚养比的增加可以增加当前的消费率、减少储蓄率，从而在一定程度上平抑房地产价格的持续上涨。如尚晓媛和李振刚（2005）对安徽省阜南县农村 18 岁以下儿童抚养成本的一项实验研究表明，与抚养直接相关的总成本为 78000 元，相当于一般农家建造 2.6 所住房所需支出。第二，由于家庭人口抚养比增加，父母会有更强烈的愿望给他提供更大的空间，提供尽可能好的教育，有关住宅面积和学区质量偏好的住房改善性需求就会随之增加。第三，出生率的增加可以有效增加未来住房市场的潜在需求主体，使得未来有比较稳定的成年人来接续房地产市场，避免需求主体的急剧减少引发的房价硬着陆。因而从总体上看，二孩政策无论从长期还是短期来看均有利于房地产市场稳健发展，但是就目前的生育率水平而言还无法达到立竿见影的效果。

二、户籍制度改革

（一）演化历程

户籍制度在我国已有几千年历史。到清代实行“摊丁入亩”之后，土地税取代人口税成为税收的主要来源，由此也带来一个户籍制度上的巨大变革，户籍制度的基层社会组织的社会治安功能得到强化。就人口流动控制而言，也从过去的人为控制转为更有效的税收制度调节，大大降低了人口流动数量。但是综合来看，中国古代户籍制度的三大功能，即“编户齐民”“缴纳赋税”“安定地方”，在几千年的封建社会历史长河中并未发生本质变化。然而，中国古代的户籍制度却并未设置严格的城乡分割界线，城乡割裂的传统应该追溯到沙俄时代。在封建农奴制体系中，贵族长期居住在城市，而农奴则被束缚在农村土地上为主人终生劳作并禁止流动。苏联在1929—1933年大搞农业集体化运动时，重工业优先发展战略造成了农村经济的破产，大批饥饿农民成群结队涌入城市，给国民经济和城乡社会稳定造成了巨大冲击。为了应对这种局面，斯大林恢复了沙俄时期的居住证制度。可以说，苏联和中国的城乡二元体制在产生的背景上是基本一致的，只是在管束能力和管束方式上有所不同。二者也都是在同一个历史逻辑下发生的，都是为了缓解农业集体化造成的激烈城乡冲突，归根到底应该视为特定历史阶段的产物。

中华人民共和国成立后，伴随着计划经济体制的逐步建立，户籍管理体制也逐步成型。1951年7月，公安部颁布《城市户口管理暂行条例》，明确了“为维护社会治安，保障人民之安全及居住、迁徙自由，特制定本条例”，这就意味着《城市户口管理暂行条例》是一部治安户籍法，主要为了实现城镇人口的登记管理职能；1954 年《中华人民共和国宪法》第九十条规定，“中华人民共和国公民有居住和迁徙的自由”；1955 年 6 月，国务院通过了《关于建立经常户口登记制度的指示》，规定在全国范围内建立常态的户口统计制度，着力解决农村户口的登记管理问题，标志着户籍制度的系列法规开始由城市向农村逐步确立。1956 年，部分地区过于激进的社会主义改造和农业合作化运动，加上自然灾害导致了许多省份粮食减产，不少地区出现了农民试图进城谋生的现象，中共中央、国务院于 1957 年 12 月发出《关于制止农村人口盲目外流的指示》。1958 年 1 月 9 日，全国人民代表大会常务委员会审核批准了《中华人民共和国户口登记条例》，其中明确提出了“没有城市公安部门的批准，农民不得将户口从农村迁往城市”。它的颁布和实施标志着新中国户籍管理制度的正式确立，也为二元化社会管理体制的建立奠定了基础。此后，包括粮油票证制度、就业制度和社会福利保障制度等逐步成为附着在户籍之上的利益体系。

1978 年后，中国从计划经济向市场经济过渡，越来越多的人开始关注城乡分割的户籍制度。之后因为社会和经济的压力，严格的迁移限制得到放松，农村户籍人口也被允许可以迁移到城市地区，如果他们满足某些严格的条件，甚至还可以获得城市户口。1984 年，国务院发布的《关于农民进入集镇落户问题的通知》规定，农民只要能自力更生就可自带口粮落户集镇。事实上，1984 年被视为一个具有历史意义的时间点，因为此时城乡分割的户籍限制政策开始得到改变。20 世纪 80 年代中期以后，随着改革开放以来市场化改革的逐步推进，越来越多的农民开始走出农村进城务工，为此公安部于 1985 年 7 月通过了《公安部关于城镇暂住人口管理的暂行规定》，对外来人口实行“暂住证”和“寄住证”进行管理，客观上承认了农村户籍人口迁移和暂住行为的合法性。1985 年 9 月，《中华人民共和国居民身份证条例》颁布实施，标志着中国的户口管理开始向着户籍管理和身份管理相结合的方向发展。1992 年 8 月，公安部发布《关于实行当地有效城镇居民户口制度的通知》，决定“在小城镇、经济特区、经济开发区、高新技术产业开发区实行当地有效城镇户口制度”（由于上述居民户口簿印鉴为蓝色，也被称为“蓝印户口”）。1997 年 7 月，国务院批转公安部的《关于小城镇户籍制度改革试点方案》规定，试点镇具备条件的农村人口准予办理城镇户口。

进入 21 世纪以来，户籍制度改革的进程开始加快，其中小城镇的户籍制度改革尤为瞩目。2000 年 6 月 13 日，中共中央、国务院下发了《关于促进小城镇健康发展的若干意见》；2001 年 3 月，国务院批转公安部《关于推进小城镇户籍管理制度改革的意见》，进一步强调“各地区、各有关部门均不得借户籍管理制度改革之机收取城镇增容费或其他类似费用”，这标志着中国的户籍制度改革由小城镇开始逐步放开准入条件。21 世纪以来，户籍改革的另一亮点是地方性的改革探索。东部地区如广州、深圳、杭州、宁波等城市，中西部地区如成都、重庆、西安、红河等城市都进行了卓有成效的户籍制度改革探索。广东、江苏等沿海发达省份也开始实行城乡户口登记管理一体化，逐步取消户籍性质的差异。2013 年 12 月，中央城镇化工作会议提出，“推进农业转移人口市民化，主要任务是解决已经转移到城镇就业的农业转移人口落户问题”，要“全面放开建制镇和小城市落户限制，有序放开中等城市落户限制，合理确定大城市落户条件，严格控制特大城市人口规模”。“户政为庶政之母”。加快户籍制度改革，是党的十八大以来部署的一项重点改革，是推进中国特色新型城镇化的一项重大任务，是实现亿万农业转移人口“市民梦”的一项重大举措。党的十九大报告明确提出，要

“加快农业转移人口市民化”。

截至2018年末，中国流动人口总数为2.41亿人（见图8-1）。大量的人口进入城市，给就业、收入、公共安全等方面带来很大的压力。2019年我国就业总量压力不减，城镇新成长劳动力达1500万人，其中高校毕业生达到830余万人，此外还有相当规模的转岗人员和就业困难人员。尽管户籍制度改革困难重重，但是现代户籍制度的建立和城镇化率的稳步提高，历来被认为是后发国家现代化过程中最基础的制度建设，是推进国家治理体系和治理能力现代化的内在要求（如图8-2所示）。户籍制度改革的最终目标是要使户籍变成一个纯粹的人口登记制度，把它与形形色色的社会福利体系完全剥离，到2020年基本形成以合法稳定住所和合法稳定职业为户口迁移基本条件、以经常居住地登记户口为基本形式，最终形成城乡统一、以人为本、科学高效、规范有序的新型户籍制度，到21世纪中叶基本建立起一个城乡一体化的城市中国。

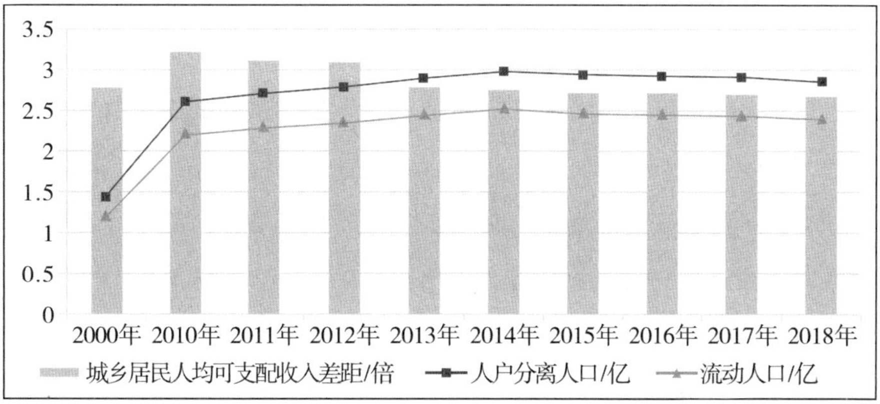

图8-1　2000年以来城乡居民人均可支配收入差距、人户分离人口和流动人口变化趋势

注：根据Wind数据库相关数据资料计算整理。

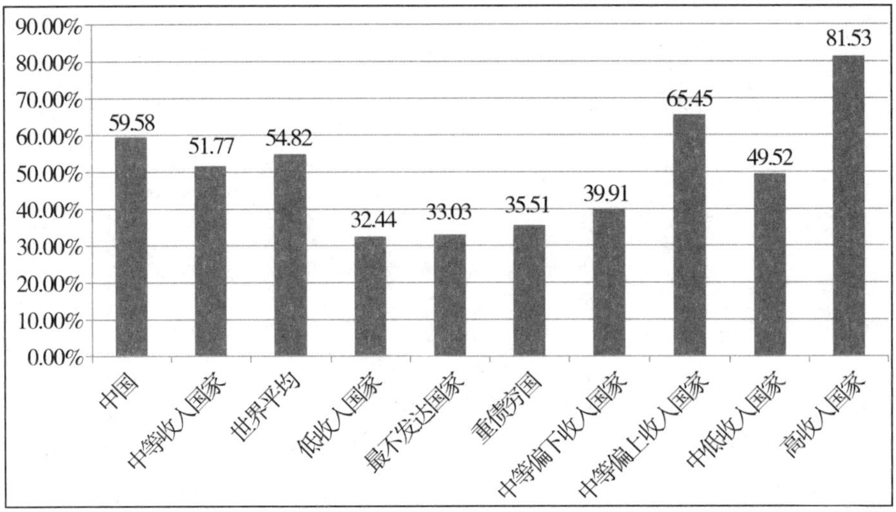

图 8－2　中国与世界各收入组别国家城镇化率比较

注：根据世界银行和 Wind 数据库数据计算整理。中国城镇化率数据为 2018 年的数据，其他指标为 2017 年的数据。

（二）作用机制

2015 年 12 月，中央政治局召开会议明确提到，要“通过加快农民工市民化，推进以满足新市民为出发点的住房制度改革”。2016 年底召开的中央经济工作会议明确提出，“要按照加快提高户籍人口城镇化率和深化住房制度改革的要求，通过加快农民工市民化，扩大有效需求，打通供需通道，消化库存，稳定房地产市场”。2017 年 3 月 15 日，河南省召开农民工工作领导小组会议，着重强调做好农民工市民化工作，积极有序推动农民工在城镇落户。由此可见，中央和地方把“加快农民工市民化”作为了房地产去库存的一个重要着力点。具体做法是：通过户籍制度改革，让农民工进城落户更容易；通过改革公积金制度，把农民工、个体户纳入其中；通过财政补贴、退税或者税收减免方式，帮助农民工在城市里购房。户籍制度改革对住房需求的作用机制，至少可以归纳为两个方面：

第一，可以减少住房的空间失配问题，将流动性的需求群体稳定下来。改革开放以来，以户籍制度为基础的大量有形和无形门槛，导致了大量流动人口选择在流入地工作而仍在流出地买房，造成了严重的职住分离和住房需求的空间失配。调查数据显示，仅 0.9% 的农民工实现了在务工城市购买住房的愿望，而 1/3 以上的农民工选择在老家县城和乡镇买房。可以说，户籍制度是横亘在城乡和区域房地产市场之间的主要障碍。一方面，大量的半城市化人口会加大流出地城市的住房空置率和房屋供给过剩。另一方面，外来人口也进一步加剧了流入地城市的住房需求紧张程度。因为农民工群体的流动性较高，使得流入地政府也很难将其纳入保障性住房的申购范围。通过户籍制度改革，可以将这一部分流动性的需求主体稳定下来。在部分条件具备的地区，可以尝试宅基地、房屋和土地使用权跨区域调配置换的可行性。

第二，可以有效化解住房库存，改善农民工居住条件。截至 2018 年 2 月，全国商品房待售面积仍高达 58468 万平方米，大部分三、四线城市仍然面临巨大的去库存压力。而与此同时，国家统计局发布的《2016 年农民工监测调查报告》显示，进城农民工人均住房面积仅为 19.4 平方米，不足全国居民人均住房建筑面积水平的 50%，购买保障性住房和租赁公租房的农民工不足 3%。若按照未来每 5 年新增 1 亿城镇人口的城镇化速度计算，如果 70% 的家庭人口在城镇购房（按人均 33.3 平方米的购房面积计），每年以农民工为主体的购房需求可达 4.6 亿平方米。因此，从农民工的住房条件以及未来保障性住房政策走势来看，农民工群体仍将是房地产市场去库存的重要依托。

三、房地产税征收

（一）政策背景

从2003年《中华人民共和国物权法》出台至今，关于房地产税开征的探讨不绝于耳。2011年，上海和重庆进行了房地产税的开征试点。由于两地的房地产税试点覆盖范围窄、免税面积较高、税率较低且针对高价房采取了超额累进税率，所以未能对住房市场产生显著影响，但其试点推行对于完善我国房地产长效机制和市场健康发展而言意义重大。党的十八届三中全会决定明确提出要适时推进房地产税改革，党的十九大报告也提出要加快建立地方税体系。2018年3月，李克强总理在政府工作报告中，明确提出将“健全地方税体系，稳妥推进房地产税立法”。按照财政部前部长肖捷的公开说法，将力争在2019年完成全部立法程序，2020年完成“落实税收法定原则”改革任务。

2018年3月7日，在十三届全国人大一次会议举行的新闻发布会上，财政部副部长史耀斌透露，全国人大常委会预算工作委员会、财政部以及其他有关方面正在抓紧起草和完善房地产税法律草案。房地产税的总体思路是立法先行、充分授权、分步推进。我国的房地产税制度会参考国际上的一些共性制度安排，主要包括四个主要方面：一是对所有工商业住房和个人住房按估值征税；二是对一些困难家庭、低收入家庭提供税收减免；三是房地产税属于地方税，收入归属地方政府；四是房地产税税基确定非常复杂，需要建立完备的税收征管模式。至此，社会舆论关于房地产税的探讨开始由是否开征和开征时间转向征收范围和征收细则上。

（二）作用机制

地方政府财政困境是各地房地产市场各种问题和矛盾产生的根源。自 1994 年分税制改革以来，地方政府的财权和事权就难以匹配。随着土地市场和房地产市场的快速发展，地方政府通过出让城镇土地使用权获得的出让金收入逐渐成为地方财政收入的重要来源，也就是我们通常所说的“土地财政”依赖。因此，要想减少地方政府对“土地财政”的依赖，扭转“以地生财”的局面，在客观上就需要在“土地财政”之外为地方政府寻找新的财政收入的增长点，为地方政府寻找长期稳定的税源，从而建立起调控主体的激励相容机制和长效调控机制。因此，开征房地产税是为地方政府找到长期粮票的重要手段。从国际经验来看，无论是 OECD 国家，还是拉美国家，都把房地产税作为较低层级地方政府的主要税收收入，本届人大常委会已经把制定房地产税法列入了五年立法规划。因此，要在降低开发和交易环节税费的同时，增加保有环节房地产税负，适时开征房地产税。

在开征房地产税的大部分国家中，税率一般只有 1% 左右。如挪威的房地产税率在 0.2% ～ 0.7%，立陶宛和保加利亚的税率甚至不到 0.01%，法国的税率为 0% ～ 1.5%，日本的税率为 1.4%，美国、英国等国家的房地产税率由地方政府确定①。国际经验中也出现过通过房地产税征收并不能有效调控房价的先例。如韩国在 2005 年 8 月出台《不动产综合对策》，包括征收不动产税，对当年的楼市调控起到了明显的效果。但在政策出台的第二年，房价又出现 11.6% 的报复性上涨。在 2012 年上海和重庆的房地产税征收试点过程中，政策效果也远远低于

① 详见李宁（2017）。

预期。

但是在我国目前情况下适时开征房地产税，会在很大程度上增加投资投机者的持有成本，从而用市场化的方式来有效抑制这部分投资投机性需求。长期以来，政策调控的一个主要难点就是对投资投机性需求和刚性需求的有效甄别，虽然政策的出发点和初衷是限制投资投机性购房需求、保护和鼓励刚性需求和改善性需求，但是在实际操作中，由于住房市场的结构失衡，政策成本很可能最终会全部转嫁到以刚性需求和改善性需求为主体的购房者身上。如 2016 年住房需求释放就主要是由于金融宽松政策带动的投资性需求旺盛，出于保值投资目的的购房比重不断攀升，从而引发刚性需求、改善性需求等其他需求主体恐慌性入市。因此，加快房地产税立法和有序推进房地产税征收，可以进一步规范房地产市场相关主体的行为，避免出现“买涨不买跌”的房地产投资倾向，使得“楼市有风险、投资需谨慎”成为一种共识。

四、发展租赁市场

（一）政策背景

2017 年，中央连续印发《关于在人口净流入的大中城市加快发展住房租赁市场的通知》《利用集体建设用地建设租赁住房试点方案》，选取广州、深圳、南京、杭州等 12 个城市开展住房租赁市场试点，并陆续公布了住房租赁扶持政策。从试点实施方案看，各地均从保障承租人权益、供给、金融、财税、监管等方面进行细化。北京、上海等虽未列入试点城市，但也出台保障租赁、积极探索建立“租购同权”制度等措施。其中，北京租赁新政首次对保障承租人权益享有更多均等化城市服务做出具体规划，平衡租房与购房的权益性鸿沟。北京市发布了《北京市 2017—2021 年及 2017 年度住宅用地供应计划》，计划明确 2017—2021 年五年北京将继续加大租赁住房供应，计划供地 1300 公顷、建设租赁住房 50 万套。上海在出台的住房发展的“十三五”规划中提出，显著加大住房特别是租赁住房的供给。在总共计划出让的 5500 公顷土地中，租赁住房高达 1700 公顷，保障性住房 1800 公顷，租赁住房供应套数高达 60%。2017 年 9 月 15 日，上海市发布《关于加快培育和发展本市住房租赁市场的实施意见》，提出到 2020 年要基本形成多主体参与、多品种供应、规范化管理的住房租赁市场体系。2017 年 7 月 25 日，上海首批两幅租赁住房用地成功公开出让，楼面价仅分别为 5569 元/米^2、5950 元/米^2。2017 年 7 月 17 日，广州市政府正式发布《广州市加快发展住房租赁市场工作方案的通知》，加快构建租购并举的住房体系，推动住房租赁市场快速发展。新政共有 16 条，从商改租、入学、税收、水电等多个方面对住房租赁进行大力扶持。

与此同时，无锡、烟台、铜陵、洛阳、海南、云南等地区虽未列入试点，但也出台保障租赁、积极探索建立“租购同权”等制度措施。此外，雄安新区管委会也在 2017 年宣布，采取六项措施强化房屋租赁服务与监管，将房租调控纳入调控范围。其中武汉和杭州、成都、南京分别推出“互联网 + 租赁”“互联网 + 城市”及“互联网 + 服务”，构建全市统一的住房租赁交易服务平台，融合房管、公安等市政府相关部门服务功能，加强对出租屋和流动人口信息的采集。另外，南京、成都等城市也建立了住房租赁信用管理体系。杭州则在租赁市场引入互联网征信，通过和阿里巴巴、芝麻信用合作，打造全国首个“智慧住房租赁平台”，该平台于 2017 年 9 月 29 日正式上线试运行。

（二）作用机制

中央和地方相继出台政策措施支持租赁市场发展，将会显著改变热点城市“重售轻租”的格局，充分激活和释放存量房市场需求。自2016年“9·30新政”之后，特别是党的十九大提出“坚持房子是用来住的、不是用来炒的定位，加快建立多主体供给、多渠道保障、租购并举的住房制度，让全体人民住有所居”。本轮中央政府的房地产调控决心超过历次调控，而且调控手段更加全面科学。热点城市的人口净流入，导致人口规模继续增长，相应的租赁需求会上升，因此需要通过发展住房租赁市场来解决流动人口的住房问题。例如，上海公布《上海市住房发展“十三五”规划》称，“十三五”期间，上海预计新增各类住房约170万套，而其中商品房仅45万套，租赁住房70万套，保障性住房55万套。这意味着上海未来的一手土地供给将进入租房时代。相关机构的研究表明，中国房屋租赁市场的“蛋糕”可能超过4万亿元。面对住房租赁市场这个巨大“蛋糕”，一些龙头房企纷纷抢位租赁市场，其中：2017年10月27日，龙湖冠寓在广州诺亚方舟产业园召开品牌发布会；而万科方面，截至2017年9月底，其长租公寓中的泊寓业务已覆盖24个城市；2017年10月13日，阳光100中国控股宣布将联合托尼洛·兰博基尼酒店在无锡金融街、雪浪小镇打造高端公寓项目。不仅开发商纷纷抢食，金融机构也积极布局。其中，多家银行表示目前正在研究接口，而一些非银机构却已经入局，首单租赁住房信托投资基金已获批。由此可以预计，未来住房租赁市场制度建设将逐步完善落地，各地方政府将会通过盘活存量、试点利用集体用地建设租赁住房等增加租赁住房供给的方式，推动住房租赁市场更加规范化、专业化运行。因此，房地产市场长期以来“轻租重售”的局面将得到改变，住房租赁市场也将更好地与限售政策、共有产权房等相衔接。

发展租赁市场的另一个主要作用就是可以缩小重点城市热点房源的炒作溢价空间。由于我国存在区域发展差异和城乡二元结构，优质公共资源的分布往往过于集中，所以我国的大多数城市相继出台了租购不同权的差异化政策。如优质教育资源只有在该学区的购房者才能享有，而大多数租房者子女的入学权被排除在学区范围之外，这就直接导致了优质学区中的住房在市场炒作下具有更高的房价涨幅预期。在当前优质教育资源配置不均衡、择校冲动强烈的特大城市，通过因地制宜、积极稳妥推进多校划片、动态学区调整等教育均衡政策，并借鉴发达国家经验，积极稳健推进“租购同权”并强调实际居住，逐步赋予租房者子女享有同等的优质学区入学权利，可以有效降低学区房等稀缺房源的热度和溢价率，让住房市场逐步回归理性。

综合来看，随着城镇化率的逐年攀升、重点城市房价的持续高位运行以及政策层面对租赁市场的鼓励，我国未来住房租赁人口比例将会有所增加。党的十九大确定“房住不炒”的定位，要求大力发展租赁市场。各大开发商、中介机构平台、金融资本利用这一政策利好，正在加快租赁市场投融资力度。综合来看，在二手房市场和租赁市场的健康发展方面，将会有一个较好的政策预期。但是由于中国目前的房租价格相对于房价而言仍偏低，且住房租赁市场的供需矛盾短期内难以解决，所以在短期内房屋租赁价格将延续温和上浮的总体走势。

五、共有产权住房

（一）国际经验

产权共有在世界各国范围内广泛存在。诺贝尔经济学奖得主奥斯特罗姆甚至预言，21 世纪将是一个私有产权和共有产权形式混合出现的时代。尤其是在不动产权方面，许多欧美发达国家在过去数十年住房供应政策中已经逐步形成了一套相对完善的共有产权形式，即多方通过共同出资购买一套住房并各自分别享有一定份额的产权，从而减轻住户单方一次性购买的经济压力。比较有代表性的包括英国的共有产权和共享权益模式、美国的可负担住房模式、新加坡的公有住房保障模式以及澳大利亚的共有所有权模式。尽管各国在住房产权共有形式和政策上各有特点，但总体而言，共有产权住房政策的大趋势是由实现“居者居其屋”逐渐向“居者有其屋”转变。从国外的共有产权住房问题的理论与实践探索来看，关于住房产权共有形式、比例划分，以及共有产权住房的定价和权益共享等方面已经积累了丰富的经验，主要体现在：

第一，共有产权的形式可以而且应该多样化。从上述国家的经验看，共有产权形式可分为共有产权和共享权益两种模式。在具体的共有产权住房实践中，这些形式会相互融合。还有一类值得关注的形式即合作社，这种模式目前已遍布英国、瑞典、挪威、丹麦、德国、土耳其、加拿大等国，其中瑞典采用合作社形式的住房占到全国住房存量的15%。从典型合作住房的产权上看，住户不直接拥有房屋产权。因此，从国际经验来看，为了构建全面覆盖中低收入住房困难家庭的住房保障体系，实现与廉租住房、经济适用房和限价商品房之间的“无缝衔接”，我国住房保障思路应从“一步到位”转向“阶梯过渡”，从“以售为主”转向“租售结合”，鼓励创新并坚持共有产权的多样化探索。

第二，运作机构的市场化和专业化。在共有产权制度比较成熟的国家中，大多存在一个高效的非营利机构或中间商来参与主导。如英国由住房协会来负责组织实施共有产权计划，美国社区土地信托住房和有限权益合作住房的住户要与专门的公司打交道，新加坡则在国家发展部下面成立建屋发展局，澳大利亚是通过一个能够消除住房进入壁垒的商业机构作为中间人来实现合作购房。而我国虽然许多地方成立了专门负责保障性住房建设和分配管理的机构，但仍具有行政性质。共有产权经济适用房中单一的私有产权和国有产权是以共有产权的形式结合在一起的。政府既是社会保障的接受方又是给予方，存在不合理兼任的问题。若引入行政和法律监督下的、与政府住房保障职能部门保持合作的、能自主经营的住房管理机构，自然就解决了这一问题。

第三，完善“重保障，防套利”的制度设计。国外共有产权的制度设计中，往往也面临着如何实现保障功能与防止套利兼得的两难问题。如受保障者出资比例过低，有可能引致一些道德风险问题；受保障者也可能故意隐瞒实际收入让政府多出资，以达到出小钱就能住到经济适用房的目的；同时受保障者产权过小，将对经济适用房缺乏一定的注意保护义务，造成房屋一定程度上的破坏，也势必会加重政府住房保障责任和财政负担。如果共有产权购房人出资比例过大，则会面临其对共有产权房进行投资套利的风险。为此，各国相继出台了一系列配套政策。如英国部分地区会对住户购买的产权设置上限，当住户出售其所有的产权时政府可以选定购买对象。实际上无论是何种形式，政府始终保留优先回购的权利。对于美国共享权益住房而言，由于限制了转让的对象，因此其保持原有住房保障性的作用更为直接。首次住户无法获得全部房屋升值的收益，实际上就是将部分收益让予新住户，保证购房的开支在新住户能够承受的范围之内，权益在前后保障户之间实现“共享”。

第四，保障形式和功能的延续性。英国的共有产权制度施行了近30年，而美国则更长。长期的发展使其决策者能够站在整个国家或地区住房结构变动的背景下审视其制度设计及带来的影响，从而指导其不断完善（如表8－2所示）。而我国的住房保障制度在地方上存在较多变数，如经济适用房制度长久以来诟病颇多，在住户准入和退出上缺乏监管，部分地区甚至迫于舆论压力出现了叫停所有经济适用房和公租房的现象。这种因噎废食的做法很难保证住房保障制度的延续性，如果考虑引入共有产权制度则更须重视现有问题的解决。由于我国幅员辽阔，各地区经济及居民收入状况差异较大，住房价格水平、建造标准和消费水平等存在很大的差别，因此可以授权不同地区、不同规模的城市因地制宜进行共有产权住房的改革试点，并根据试点地区的经验和做法再逐步加以在全国范围内推广。

产权共有属于一种产权分配的形式，可以用在任何一种住房形式上。对于目前试点的共有产权住房，采用半租半买还是先租后买，取决于“夹心层”群体收入水平的变动速度；采用产权共有还是权益共享，取决于政府是否需要在短期内收回住房建设投资。因此，住房问题不仅关系到个人的生存发展，更关乎“民生保障”的社会问题，仅限于法理上对共有产权制度的研究不足以体现其特质，理应从经济学与社会学视角对共有产权保障房制度进行系统性研究，包括产权划分、公平效率、操作执行以及监督问责等深层次问题。

表 8－2　国外共有产权住房概况

国家	模式	共有产权住房简介	具体运作模式
英国	共有产权和共享权益模式	英国是共有产权住房制度探索较早且最为典型的国家，目前公共住房服务于其国内约 500 万个家庭，占全国住房总量的 1/5。英国住房的共有产权，是政府对有一定支付能力，但又难以在市场上承担全部购房开支的部分群体设计的一种分阶段购买住房的方式。其所谓共有产权住房，允许购房人根据其支付能力出资购买住房协会所拥有住房的一定份额的产权，通常为 1/4 至 3/4，与住房协会共同拥有各自比例的住房产权。购房人对住房协会持有的产权部分支付优惠租金，租赁年限为 99 年，并可在具备能力后逐步申请购买剩余的产权。当然，如果住户因为自有产权份额较大，而收入下降导致其自有部分贷款还款负担过重的，还可以申请降低份额，即向住房协会出售一定比例的产权	在制度设计上，英国的共有产权住房形式又包括共有产权和共享权益两种模式，政府通过对住户购买的产权份额设置上限来干预市场住房资源流转。在产权方面，共有产权模式下的房屋产权属于住房协会（当然还可以包含其他私营机构或者私人业主）和住户共有，住户拥有不完全的所有权；而在共享权益中，住户完全持有其房地产，拥有全部所有权，政府出资的价值只体现在利益分配上，一是贷款使用费，二是所占权益出售获得的溢价。在英国的共有产权制度安排中，住房协会承担了运作主体的作用。一般先由政府对共有产权住房所供给对象的标准、具体的运行方式进行框架性的安排，然后再由住房协会根据本地区的自然、人口、经济等特定的情况来灵活地制定相关的政策，包含对住房建设过程中投资、招标的审查，供给对象的审查，共有产权住房出售等环节的审查。此外，住房协会还承担了政府在共有产权住房中的产权代理方，与中低收入购房者共同拥有产权。中低收入的购房者对住房协会支付租金。而一旦购房者的家庭收入提高并拥有较强购买力以后，购房者可以通过逐步购买住房协会所拥有的那部分产权，成为房屋的独立产权人。总体来看，英国的共有产权制度具有一定的灵活性，特别是在约定购房人与政府之间可以在 25% 以上的比例自主确定，使适应的群体和中低收入家庭的受惠范围更为广泛

（续表）

国家	模式	共有产权住房简介	具体运作模式
美国	可负担住房模式	美国住房的共享权益制度在财产权利分配上介于租赁和完全自有之间。其共享权益住房属于面向中低收入家庭的可负担住房，这是因为通过上述形式建设的住房或多或少都享受了政府不同形式的补贴，政府进而对这些住房的住户准入进行限制。尽管美国的共享权益住房并没有资产权益或者所有权上按份共有的特征，但是住户在房屋财产权利分配上的特征如购房享受优惠、处置受到限制上与英国的制度有类似之处	美国的可负担住房模式按照限制条件的不同可以分为三个方面：（1）限制性契据住房。在限制性契据住房中，房屋的契据中附有保证条款。房屋所有者受到该条款的约束，按照可负担性的要求实施转让。通常保证条款设有优先权，即非营利机构或政府部门有权优先回购这种住房。住户也可以申请政府机构提供的低息或免息的权益抵押贷款，与英国的共享权益做法类似，只要再次转让时以规定的价格出售给符合保障条件的住户，则贷款不需要偿还。（2）社区土地信托住房。在社区土地信托住房中，土地和附着的建筑物产权由不同的主体持有，即住户只享有住房的所有权和土地的租赁权，享有土地所有权的是非营利的、具有社区背景的公司。租赁期通常为99年，其长短决定了要保持可负担性的最短期限。场地的租约是这种做法的核心，它规定了住房维护和抵押上的权利义务关系，允许住户对租赁权进行调整，并可传给其后代，但禁止转租住房。持有土地的社区住房信托公司的成员中，有1/3为租赁土地的住户代表，1/3为没有租赁关系的人员代表，其余为前两者选出的人员，但必须包括部分政府部门、私人贷款机构或者具有社区背景的组织的代表，持有社区土地的公司所持有的土地范围不限于某一社区。（3）有限权益合作住房。有限权益合作住房是合作住房的一种类型，与零溢价合作住房一样，在转售的时候住户投资份额部分的溢价会受到限制以保持其可负担性，其中前者受到部分限制，后者则完全不能获得溢价，这与市场合作住房形成鲜明的对比。有限权益合作住房由政府特许的公司所有和经营，住户只持有该公司的股份，因此住户拥有对住房最终的控制、运营和执行的权利，但在占有和使用上与住房公司是特殊的租赁关系，需要按月支付费用，其中囊括了抵押贷款还款、物业税、物业费、保险费和水电支出等

（续表）

国家	模式	共有产权住房简介	具体运作模式
新加坡	公有住房保障模式	新加坡作为一个市场经济体制的国家，其住房的建设和分配并不是完全地按照市场机制进行的，充分体现了政府经济干预和介入的特色，尤其是成立专门运作机构的机制、住房公积金制度和准入退出机制十分具有本国特色，在保障国家住房问题上发挥了重要的作用。其公有住房保障模式实质仍是共有产权住房模式	新加坡的公有住房模式主要体现在：（1）成立专门运作机构。新加坡于 1962 年在国家发展部下面成立建屋发展局，作为国家住房计划的专门运作机构，并且通过立法加以确认。建屋发展局是新加坡公共住房的法定管理机构，也是新加坡最大的住房开发商，同时负责具体执行公共住房政策。它的职能是负责建屋计划、征地、拆迁、城镇规划、建筑设计、工程招标、建筑材料的生产和供应，住宅的分配、维修、改造、物业管理和配套设施的建设。由此可以看出该局囊括了与住房相关的前期规划、中期建设、后期营运的各个方面的工作。（2）建立住房公积金制度。新加坡的住房公积金制度始于 1968 年政府提出“居者有其屋”的住房发展计划，这之后中央公积金才允许用来购买住房，此后公积金逐渐成了住房保障的重要组成部分。公积金事实上是强制性的国民储蓄，由个人和企业共同为工人阶级储蓄住房资金，用公积金购房，房价的 20% 可以用公积金直接支付，剩下的 80% 则需要贷款，而且新加坡公民有两次申请优惠利率贷款购买政府新建公共住房的机会。公积金归集起来后，政府会将 20% 的部分作为准备金随时支取，而其余 80% 部分则购买国债。政府把买债券的钱贷给国民银行，后者又把钱贷给建屋发展局和个人购房者，用以投资公共住房建设或者用来购买公共住房，完成一个从强制性储蓄到住房问题解决的循环。（3）准入退出机制。新加坡规定单个家庭月收入低于 8000 新元，两代人同住的家庭月收入低于 12000 新元的情况可以申请公共住房。公共住房申请的条件是：拥有新加坡公民身份，没有私产；若有私产但是已经出售的，必须等两年半后才能申请；以家庭为单位，若为单身的大龄青年申请则必须联合其他个人；孤寡老人和从小就失去父母的孤儿可以认定为家庭。公共住房实行配售制度，一旦符合资格，可以有两次机会申购新建的公共住房，这为家庭结构变化的人预留了空间。1985 年购买政府第一手公共住房住满五年后转售需要按市价缴纳 10% ～ 30% 的税收。之后政府调整了税收政策，规定卖掉公共住房后转向私人市场或者以市场价申购公共住房都不需要缴税。当然，如果卖掉公共住房后还想申购新建公共住房，则必须将原来的公共住房以原始购买价卖给建屋发展局。在公有住房的分配上，新加坡建立了一套合理的配售机制。起初新加坡政府采取的是登记机制，即根据购买者登记的先后顺序来确定出售的对象，后来将登记机制改变成定购抽签机制，即在定购之后采取抽签的形式来确定公有住房的出售对象

（续表）

国家	模式	共有产权住房简介	具体运作模式
澳大利亚	共同所有权模式	澳大利亚的情况与英国类似，早在若干年前政府就已经在西澳和北领地启动了共享权益计划并提供资金，但由于国情差异使其制度设计与英美两国存在一些差异，例如出资份额的要求、购买年限和优惠年限等。由私营机构主导的类似模式虽然出现得比较晚，但比较新颖，其中的“共同所有权（co-ownership）”模式值得我们关注和借鉴。近几年澳大利亚高涨的房价促进了这种模式的迅速推广，据一项民调显示，有近一半的受访者在购买首套住房时希望采用这一模式而不是独立负担住房。特别是在全球金融危机之后，采用“共同所有权”模式的购房者以年均51%的速度上升，他们普遍认为这种共同所有权模式可以有效地分担房贷风险	澳大利亚共同所有权模式由一家名为“PodProperty”的机构于2006年4月在悉尼推出，并于2007年6月在邻国新西兰得以迅速推广。它实际上代表了最原始的一种出资共有的形态，即帮助两个或两个以上的购房人通过共同出资购买住房，购房人的产权关系为“混合共有”形式。这种简单的方式之所以被专门提出是因为其运作依靠一个提供房源、贷款和法律服务的商业机构，实际上充当了一个使多个在社会上分散的、有住房需求的家庭或个人进行合作购房的平台。对于一套住房而言，常规的抵押贷款不允许分割，而与PodProperty合作的联邦银行要求合作购房的贷款个人互相充当保证人，允许其保持各自份额贷款的独立性，选择不同的还款进度。在保障性上，首次购房住户除了免缴印花税外，可以作为一个主体共同享受政府专门提供的“首次购房基金”支持

资料来源：作者根据相关文献资料整理。

（二）作用机制

自2010年上海推出第一批共有产权住房后，2015年出台了《上海市共有产权保障住房管理办法》，2016年出台了《上海市共有产权保障住房供后管理实施细则》。到目前已推出6批共有产权保障住房，并连续5次放宽准入标准，帮助更多无房家庭改善居住条件。截至2017年6月底，上海市共有产权保障住房累计签约家庭9.2万余户。2017年8月22日，广东省也跟进探索建立共有产权住房制度。2017年9月14日，住房城乡建设部印发了《关于支持北京市、上海市开展共有产权住房试点的意见》。9月20日，北京住建委会同市有关部门联合发布《北京市共有产权住房管理暂行办法》，将“自住房”升级为“共有产权住房”。9月30日，北京市向市场推出了4宗共有产权住房用地，总面积约36公顷，项目建成后将新增共有产权住房建筑规模约69万平方米。根据公开信息显示统计，截止到2017年9月末，2017年北京市已供应自住型商品住房（共有产权住房）项目24宗，可提供住房约249万平方米。随着京沪粤共有产权住房的快速推进，未来推出共有产权住房制度的城市或将进一步扩围。综合来看，共有产权住房对未来中国住房需求的影响主要集中在两个方面：

第一，共有产权住房可以进一步激发住房市场的活力。共有产权住房制度类似于经济体制改革中的股份制或混合所有制，有利于盘活政府和市场存量资源，发挥市场机制的决定性作用。能让住房供给体系充满活力和弹性，让土地要素和住房资源高效流转。当前中国住房产权制度的一个主要问题是，住房产权总体上属于单一产权，很难实现产权主体的多元化，也不支持进行产权的多级拆分。产权制度的约束使中国住房市场各主体之间如政府、企业、居民等的关系在一定程度上被扭曲，市场机制潜力没有得到完全发挥。共有产权制度的引入，有望进一步厘清住房市场各方面的关系，提高住房分配效率，更好地解决当前和未来中国所面临的住房难题。

第二，可以将中等或中等偏低收入群体的“夹心层”纳入住房保障体系之内，释放这部分群体的住房需求。作为中等或中等偏低收入的“夹心层”，现实中可能既买不起价格高昂的商品房，又不符合保障房准入要求。从当前全国各地的收入水平和保障房准入政策要求看，城市中等收入阶层这一庞大群体中有不少家庭属于“夹心层”。针对这一困境，以往的住房制度框架内也曾经考虑采用经济适用房、限价商品房和自住商品房等多种形式解决“夹心层”的住房问题，然而这些措施并没能有效改变“夹心层”的住房困境，反而引发了资源错配和市场扭曲，由此产生的问题在特定条件下甚至远比其要解决的问题更多。

六、棚户区改造

（一）政策背景

贫民住区问题是世界上不同收入水平国家和地区面临的普遍问题。联合国人居署发布的《世界城市状况报告2010—2011：促进城市平等》显示：由于贫民住区改造工程的实施，在过去10年中，全球共有2.27亿人迁出了贫民窟；但与此同时，生活在贫民窟的人口总数却从2000年的7.767亿人增加到2010年的8.276亿人（UN-Habitat，2012）。而在改革开放以来的中国，在历经人类历史上最大规模的城市化加速进程之后，贫民住区也在各大城市悄然蔓延开来，棚户区就是这样一类中国式贫民住区的典型代表。根据住建部住房保障司2010年统计，中国棚户区达1100多万户。另据联合国人居署和中国社会科学院联合课题组对辽宁省棚户区改造的一项抽样调查，参与棚户区改造的原住民绝大多数为弱势群体。与一般的城市居民相比，他们的基本特征是低收入、低教育程度及老弱病残者。五成以上的棚户区居民为国有企业职工或国有企业下岗职工，五成以上是效益低下的制造业企业和工矿企业职工；户均收入在3万元左右，恩格尔系数为66.2%，属于典型的贫困阶层①。

贫民住区的存在，可以很大程度上归因于城市政府在社区之间不平等的公共财政分配（万广华等，2012）。Hussar et al（2000）等学者研究发现，在美国城市的不同社区之间，小学生的人均支出有明显的差异，而这种差异又会很容易传递到未来的劳动力市场上，从而造成不平等的加剧。更进一步来看，如果城市社区在一开始就是由贫困居民组成，那么社区之间的邻居效应会导致居民相互影响；而且这种效应还会跨期存在，并有可能在代与代之间传递。从国际经验和教训来看，贫民住区的普遍存在与一系列经济和社会因素相关，虽然在许多国家和地区积重难返，但归根到底还是可以通过政策的调整来进行有效遏制，这一点已经达成了广泛共识（万广华等，2012）。学术界的争议在于政府在贫民住区改造中充当的角色和发挥的作用（Glaeser et al，2003）。Turner认为，政府只需改造好贫民住区周边的居住环境而无须拆除旧有住房，即实行以社区居民为主的自下而上的改造模式。这种参与式的贫民住区改造模式得到了很多专家的认同。此类观点认为，政府的层级复杂，相对于市场化的改造模式效率要低得多。而在20世纪90年代，世界银行在加尔各答、雅加达和马尼拉三座城市所进行的贫民住区改造项目中采用了另一种自上而下的模式，从短期评估结果来看，显示出见效快、成本低的特点，然而长期观察结果却发现项目并未能从本质上改善贫民住区的居住条件，而且社区周边环境的逐渐恶化让这一改造模式备受诟病。

经验研究表明，全盘市场化或政府化的单一模式，以及只针对住房

---

① 根据联合国粮农组织的划分标准，恩格尔系数在60%以上为贫困，50%～59%为温饱，40%～49%为小康，30%～39%为富裕，30%以下为最富裕。

改造内容本身而忽视社会效应的做法，会导致改造的效率大打折扣，一种兼顾效率与公平的投资模式也在逐步探索之中。Bugg-Levine et al（2011）通过17世纪贵格会教徒将信仰、商业和社区融为一体的例子，对公益与商业两分的理念①提出了尖锐批评，并提出了“融合价值（blended value）”的概念，即不一定要在社会效益和经济利益之间做出取舍，而是努力实现融合价值的最大化。不论是政府还是NGO（非政府组织），是营利还是非营利，都可用一套综合经济、社会和环境效益的“社会投资回报（social return on investment）”标准来评估投资的绩效。这样，既可以实现助力公益的愿望，又能带来合乎期望的经济回报。20世纪60年代末英国政府的“解靴带政策”、1989年巴西圣保罗市政府的“贫民住区城市更新计划”和2010年奥巴马政府的“精选住宅区计划”在某种程度上带有这一色彩。

近年来，在中央和地方政府的大力支持下，我国棚户区改造的完成力度一直较好。2017年1月10日，住房城乡建设部、财政部、国土资源部印发《关于进一步做好棚户区改造工作有关问题的通知》，强调要加速推进棚改。2017年全国计划新开工棚户区改造600万套。与此同时，地方政府积极响应中央推进棚改建设。山东指出要大力提高棚改货币化安置比例，商品房库存量大、市场房源充足的三、四线城市和县城基本实行货币化安置。山西省住建厅披露表示，要加快实施城市棚户区和城中村改造，进一步打通去库存与棚户区改造之间的通道，加大棚户区改造和城中村改造货币化安置力度，促进库存商品房改造为安置住房。2017年3月2日，涞水县人民政府印发《关于加强调控商品房市

① 即资本市场、慈善监管、政策法规、评估体系到教育培训都遵循着两分的运转规律：营利性投资应该单纯地追求财务回报而不该考虑投资对社会的影响，而关注社会问题的人应该把钱交给政府或者捐给慈善组织来增加社会价值。

场的若干规定》，提出盘活存量土地，加大棚改力度，增加住房供给。3月17日，滁州市发布《关于进一步促进全市房地产市场平稳健康发展若干意见的通知》，强调要做好棚户区征迁安置工作。6月12日，三亚出台《三亚市政府购买棚户区改造服务管理暂行办法》，政府购买棚改服务并鼓励多种所有制企业作为实施主体承接棚改服务。6月13日，邵阳市人民政府出台《关于化解房地产库存促进房地产市场健康发展的意见》，提出根据房地产库存情况，加大棚户区改造货币化安置力度。

（二）作用机制

从目前中央和地方出台的一系列政策和文件精神来看，棚户区改造作为我国目前行之有效的一项城市更新政策，在今后一段相当长的时间内仍将持续和深入推进下去。综合来看，棚户区改造的综合影响和作用机制主要体现在以下四个方面：

第一，棚户区改造可以有效改善低收入群体的居住和生活条件。以辽宁棚户区改造为例，自2005年国务院批准了东北地区棚户区改造项目以来，辽宁省对棚户区进行了全面、综合、彻底的改造。官方统计结果显示，从2005年到2011年底，辽宁省全省实现棚户区改造共计2910万平方米，共改善了70.6万户、211万棚户区低收入居民的居住条件①。经过棚户区改造后，参与棚改家庭的居住和生活状况发生了显著的变化。调查显示，住房面积由棚改前的人均10.6平方米增加到人均16.6平方米，增幅达56.6%，人均收入增幅达49%，91.5%的居民认为就业机会增加，82.7%的居民认为居住区的噪声减少，70%的居民认为饮用水质量提高，78.7%、89.9%、93%、84.3%的居民认为绿地增

① 根据辽宁省住房与城市建设厅提供的数据整理。

加、景观改善、住房更舒适、空气质量改善，85.7%居民认为治安案件数量明显下降（见表8-3）。

表8-3　辽宁棚户区改造后居民生活和居住指标情况

主要指标	问卷设计	样本量	均值	标准误
幸福指数	个人评价打分	1311	78.316	14.224
人际交往	个人的人情往来支出占总支出比例	1311	0.077	0.057
家庭收入	家庭成员全年收入	1311	31035.030	13436.490
住房面积增量	棚改前后家庭住房面积的增加量	1311	15.674	24.339
住房改造价格	棚改过程中每平方米平均改造价格	1311	416.004	378.483
消费结构变化	改造前后恩格尔系数变化	1302	0.003	0.141
饮用水质量	提高为1，未提高和改造前一样为0	1311	0.695	0.461
绿地面积	增加为1，未增加和改造前一样为0	1312	0.784	0.411
社区通信网络	七个评分档次分别赋值为1～7	1311	5.679	0.900
周边公共交通	七个评分档次分别赋值为1～7	1311	5.566	0.977
邻里关系	七个评分档次分别赋值为1～7	1311	5.273	1.082
安全感	七个评分档次分别赋值为1～7	1311	5.407	0.964
民主参与度	七个评分档次分别赋值为1～7	1311	5.230	1.048
政府工作满意度	五个评分档次分别赋值为1～5	1311	2.576	0.866
扶贫政策认可度	七个评分档次分别赋值为1～7	1311	4.943	1.220

注：数据来源于2012年联合国人居署、中国社会科学院联合课题组在辽宁省进行的典型性抽样调查。

第二，棚户区改造总体上可以有效提升居民幸福感。联合国人居署、中国社科院联合课题组2012年的调查数据显示，居住在棚户区的原住民很多曾为国家建设做出过巨大贡献，却因体制障碍陷入生存和发展困境，并在短时间内很难通过自身努力来改变居住和生存状态，基本上不具备自下而上的自我更新能力。通过“政府主导，市场参与”的棚户区改造模式可以收到明显的效果，其中一个最主要的体现就是居民主观幸福感的提升。按照“融合价值（Blended Value）”的理念，改造工程一定程度上实现了助力公益的愿望，又带来了合乎期望的社会回报。贫民住区改造前后所产生的社会效应，特别是对政府满意度的增加以及对政府扶贫政策的认可等，对居民主观幸福感的提升作用非常明显。相对于传统的直接输血扶贫模式，政府在棚改前后组织的就业培训等间接造血措施效果更为明显。从个体层面来看，与低收入人群幸福感息息相关的是饮用水质量的提高、对政府在棚改工作中的满意度等，并且政府的间接扶贫政策对低收入阶层的积极效果也要略小于其他群体。从家庭层面来看，贫民住区原住民的家庭收入与幸福指数之间呈现出了典型的“倒U形”关系，这种在一般群体中常见的相关关系在贫民住区居民中出现，表明了在辽宁贫民住区改造过程中，中间收入层次的原住民获得了较高的幸福感，而两端收入层次的群体幸福感应该在未来得到政府的更多关注。此外，社区生活质量的改善对不同幸福感层次的原住民都产生了积极作用，而改造前后出现的新的沟通交流方式和邻里关系的变化却并未能有效提升主观幸福感。因此，这种由贫民住区改造所引致的沟通交流方式变化、邻里关系疏远等社会现象也必须引起有关部门的高度重视。

第三，棚户区改造可以有利于城市更新、激发土地和住房市场活力。在全国商品房空置率高、房地产市场出现波动的情况下，通过棚户区改造，活跃了房地产交易，保持了房地产业健康发展势头，带动了房地产业及相关行业的发展。棚户区集中连片的大规模改造，盘活了存量土地，提高了土地的利用率和使用价值，相应扩大了城市发展空间，增加了政府土地储备预期收益。腾空的棚户区中可开发为商品住宅或其他商服项目的建设用地，以招标拍卖挂牌的出让方式供地。同时地方政府在棚户区改造过程中，对棚户区改造的货币化补偿倾向也增加了对当地商品房的需求，相对于其他楼市刺激政策，既有利于发展经济又有利于去库存，地方政府具有较高的积极性。

第四，灵活多元的住房产权制度安排，可以为保障房模式提供经验借鉴，从而激发市场需求活力。辽宁棚户区改造中通过完全产权制、产权寄存制和有限产权廉租制等，有效实现了“居者有其屋”的目标。对于家庭条件相对较好、能够交齐应交款的，入住即可办理房屋所有权证，随时可上市交易，实行完全产权制；对于收入和资产状况等较差、已经交纳部分但不能交足扩建款、代建款的家庭，可以打欠条住进新房，但不发房屋所有权证，待交够欠款后，再到产权部门办理房屋所有权证，实行产权寄存制；对于经济状况很差的特困家庭，居民获得原居住面积部分的住房产权，扩大面积的产权归政府所有、按照廉租房标准收取租金，实行有限产权廉租制，无力承担租金的，由房产管理部门记账，代缴租金。

七、区域振兴规划

（一）区域格局

21 世纪以来，国家先后出台多项区域振兴规划。2018 年 11 月，中共中央和国务院正式对外发布《关于建立更加有效的区域协调发展新机制的意见》，明确提出要加强“一带一路”建设、京津冀协同发展、长江经济带发展、粤港澳大湾区建设等重大战略的协调对接，推动各区域合作联动。并强调“充分考虑区域特点，发挥区域比较优势，提高财政、产业、土地、环保、人才等政策的精准性和有效性，因地制宜培育和激发区域发展动能”。随着中国人口红利的逐渐消失以及经济发展进入新常态，区域发展动力正在由过去的投资驱动型向消费和创新驱动型转变，而人口特别是高素质人才的竞争成为区域竞争的主要战场。近年来，“抢人大战”成为城市竞争的新形式。谁拥有了人口特别是高素质人才，谁就拥有在城市竞争中获胜的最大筹码。如图 8－3，“十三五”以来的全国公共财政支出中，引进人才费用出现了显著上升的态势。为了吸引和留住人才，各区域和城市之间竞相出台优惠政策。

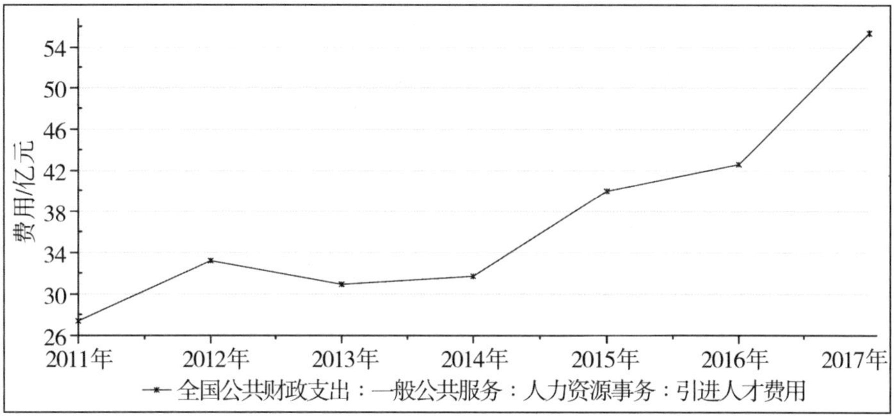

图 8－3　2011—2017 年全国公共财政支出中引进人才费用变化趋势

数据来源：根据 Wind 数据库相关数据资料整理而成。

若大致以秦岭－淮河一线为界划分中国南北方，可以发现 2018 年中国省区 GDP 增速总体上呈现“南高北低”的态势，而常住人口增幅较大省份同样大多分布在南方地区。以 GDP 增速 6.6%、常住人口增速 0.5% 为两条基准线，可以将全国各省份划分到四象限图中。第一象限为 GDP 和常住人口增速均较快的省份，第三象限为 GDP 和常住人口增速均较慢的省份。从图 8－4 中可以看出，第一象限除了陕西、青海、宁夏等西北省区外，其他均为南方省份，而第三象限则均为北方省份。

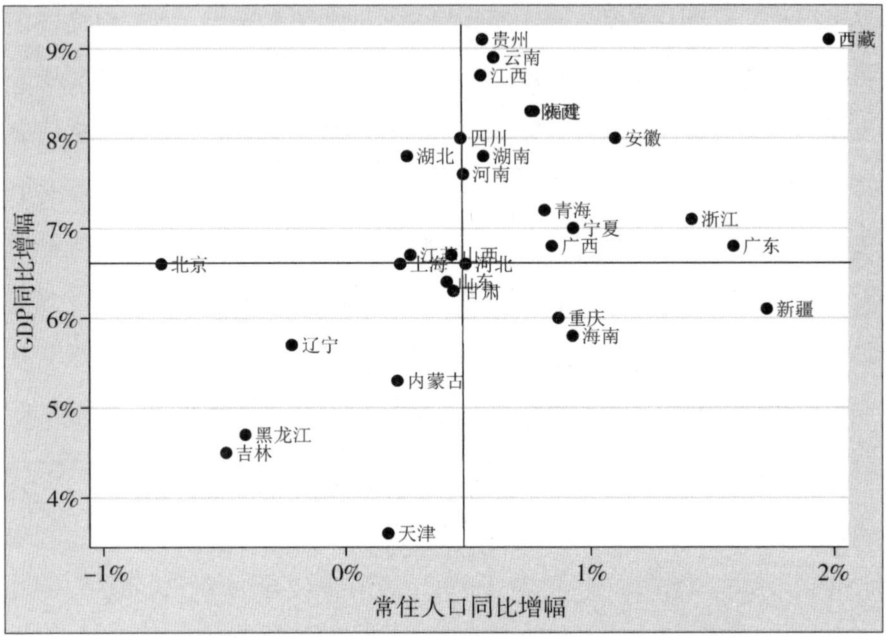

图 8-4　2018 年各省区 GDP 和常住人口同比增速四象限图

注：根据 Wind 数据库相关数据资料整理而成。

从城市层面来看，中国 GDP 万亿俱乐部城市达到 18 个（含香港），上海、北京的 GDP 总量超过 3 万亿元，深圳、香港、广州、重庆的 GDP 总量超过 2 万亿元，宁波、佛山和郑州 2018 年的 GDP 总量首次突破万亿元。内地 17 个万亿俱乐部城市 GDP 合计超过 29 万亿元，约占全国 GDP 总量的 32.4%。在 18 个 GDP 万亿俱乐部城市中，有 12 个城市经济增速要高于全国平均水平，有 2 个城市经济增速与全国平均增速持平，只有 4 个城市经济增速滞后于全国平均水平（见图 8-5）。由此可见，中国城市的极化效应总体而言仍在进一步增强。从城市人均 GDP 排序来看，除了东营和鄂尔多斯两个资源性城市以外，南方城市的整体表现要明显优于北方，特别是长三角地区、珠三角地区和京津冀城市群，其整体发展水平较好（见表 8-4）。

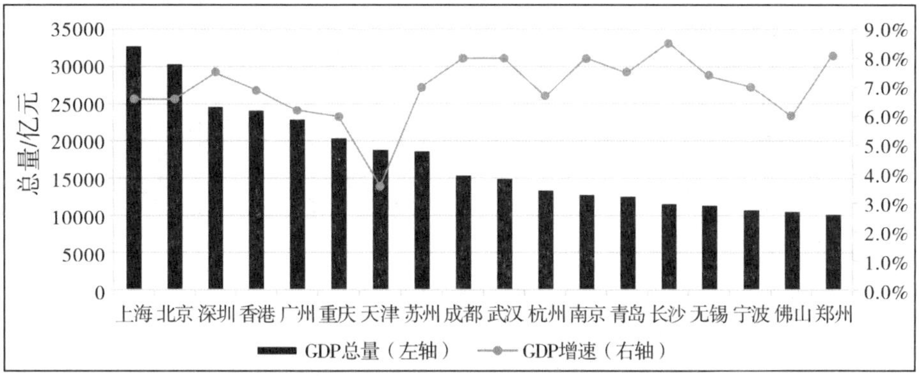

图 8－5　2018 年中国 GDP 万亿俱乐部城市情况（含香港）

数据来源：根据各城市政府工作报告和统计公报整理而成。

表 8－4　2018 年中国内地人均 GDP 前 15 位城市

排序	城市	人均 GDP/元	所属省份
1	东营	191173	山东
2	深圳	189568	广东
3	鄂尔多斯	181062	内蒙古
4	无锡	174300	江苏
5	苏州	173456	江苏
6	珠海	159400	广东
7	广州	155491	广东
8	南京	152886	江苏
9	常州	149275	江苏
10	杭州	140180	浙江
11	北京	140000	北京
12	武汉	135136	湖北
13	上海	135000	上海
14	长沙	134933	湖南
15	宁波	132603	浙江

数据来源：根据国家信息中心宏观经济与房地产数据库以及各城市政府工作报告和统计公报整理而成。

（二）作用机制

京津冀一体化、长江经济带、长三角一体化和粤港澳大湾区建设等一系列重大区域振兴规划的出台，对当前的住房需求产生了双重影响。一方面，由于区域振兴规划为当地经济社会发展提供了政策红利，一定程度上会促进当地区域经济发展、提高人民收入水平，为住房市场的稳健均衡发展提供经济支撑。另一方面，在当前实体经济不振、投资渠道不畅的现实情况下，某些区域振兴规划成了部分开发商和中介平台的炒作利器，一定程度上影响了舆论导向和未来市场预期，出现了“规划未落地、房地产先行”的怪圈，区域振兴规划带来的房价上涨预期很大程度上提升了当地的要素价格水平，对吸纳产业转移产生了一定阻力。因此，在出台区域振兴规划之前，一定要防止区域规划本身成为房地产行业炒作的利器，引导区域规划向振兴实体经济方面发展。特别是在城市群之间和大区域内部出台调控政策时要做到事先充分沟通，有效预防投资性购房需求的跨区域轮动现象，从而避免区域内房地产市场的大起大落和房地产泡沫的扩散外延。

第九章　中国住房需求未来变化趋势与对策建议

中国当前仍处于人口结构和政策改革的变化调整期。一方面，人类历史上最大规模的城市化加速进程导致每年相当于一个东京市的人口涌入城市。从家庭代际结构来看，由于计划生育政策的推行，当前的家庭结构呈现出小型化的特点。在房价上升预期的背景下，两代人储蓄同时爆发性释放于当前的房地产市场，故而对当前的住房市场造成空前压力。另一方面，在住房市场短期调控与长效机制建设并重的大背景下，生育政策调整、户籍制度改革、房地产税征收、租赁市场发展、共有产权住房、棚户区改造和区域振兴规划相继出台，将会进一步稳定市场整体预期，强化住房自住属性并引导住房需求平稳释放。

一、情景模拟

本部分将以人口结构因素为基础对未来中国城市的住房需求（2015—2030）进行前景预测，共分为四种情形进行模拟：（1）高城市化率和低人口抚养比；（2）低城市化率和低人口抚养比；（3）高城市化率和高人口抚养比；（4）低城市化率和高人口抚养比。

（一）情景设定

关于未来的城市化推进速度，中央政府在“十二五”规划中的目标增速为5年提高4个百分点，事实上要低于“十一五”期间0.9个百分点的年均增速。党的十八大以来，城市化更被新一届政府提升为国家的长远发展战略和未来中国经济增长的新引擎。可以预期的是，这场史无前例的城市化加速进程并没有停止。根据联合国人口发展报告的预测，中国城市化率在2030年将达到60%，较为激进的麦肯锡预测为66%，联合国经济和社会事务部发布的《世界人口展望》（2010年修订版）认为2030年中国城市化率将稳步提高到68.7%。为此，我们综合中国城市化发展的现状和相关机构的预测，将《世界人口展望》（2010年修订版）中的城市化图景设定为2015—2030年城市化推进速度的上限，年均0.9%设定为城市化推进速度的下限①。人口抚养比的上下限同样根据《世界人口展望》（2010年修订版）中的高抚养比和低抚养比情形而定，由于本章的人口抚养比估算方法与其存在些许不同，故而根据其相对增速采用回归法进行折算。其他影响因素的情景设定如下：（1）大专以上文化程度人口比例。根据教育部2012年发布的《全面提高高等教育质量的若干意见》，今后公办普通高校招生规模将保持相对稳定，年均扩招比例将基本维持在2008年的水平，因此我们设定2010—2030年大专以上文化程度人口比例年均增速为5%。（2）人均可支配收入。根据世界银行发布的报告——《2030年的中国：建设现代、和谐、有创造力的高收入社会》，人均可支配收入增长率采用GDP潜在

① 城市化率主要表现为城市常住人口比例的变化，但由于户籍等多种客观因素的影响，流动人口与常住人口的增速基本保持同步，这与现阶段的情况是吻合的。因此本章假定预测期内暂住人口增长速度与城市化率一致。

增长率减去通货膨胀率进行估算。（3）新增住宅用地面积①和住房满意度。我们根据统计年度的平均变化趋势来设定参数值。（4）住宅投资。采用灰色模型预估并根据世行报告投资率的回落幅度进行平减。情景设定如表 9－1 所示。

表 9－1　中国城市住房需求的情景设定

情景	年份	*population*	*migrant*	*h_capital*	*income*	*land*	*invest*	*e_house*	*raise*	预测值
基期	2010	1.361	0.316	8.273	1.768	2.996	0.868	3.319	7.003	1.343
高城市化率、低人口抚养比	2015	1.506	0.350	10.559	2.289	3.889	1.622	3.592	6.649	1.721
	2020	1.588	0.369	13.476	2.745	4.782	3.029	3.887	6.800	2.220
	2025	1.657	0.385	17.199	3.121	5.674	3.444	4.206	6.725	2.236
	2030	1.712	0.398	21.951	3.396	6.567	3.747	4.552	7.184	2.073
低城市化率、低人口抚养比	2015	1.423	0.330	10.559	2.289	3.889	1.622	3.592	6.649	1.665
	2020	1.488	0.346	13.476	2.745	4.782	3.029	3.887	6.800	2.152
	2025	1.556	0.361	17.199	3.121	5.674	3.444	4.206	6.725	2.167
	2030	1.628	0.378	21.951	3.396	6.567	3.747	4.552	7.184	2.016
高城市化率、高人口抚养比	2015	1.506	0.350	10.559	2.289	3.889	1.622	3.592	7.112	1.704
	2020	1.588	0.369	13.476	2.745	4.782	3.029	3.887	7.973	2.177
	2025	1.657	0.385	17.199	3.121	5.674	3.444	4.206	8.743	2.161
	2030	1.712	0.398	21.951	3.396	6.567	3.747	4.552	9.330	1.994
低城市化率、高人口抚养比	2015	1.423	0.330	10.559	2.289	3.889	1.622	3.592	7.112	1.648
	2020	1.488	0.346	13.476	2.745	4.782	3.029	3.887	7.973	2.109
	2025	1.556	0.361	17.199	3.121	5.674	3.444	4.206	8.743	2.092
	2030	1.628	0.378	21.951	3.396	6.567	3.747	4.552	9.330	1.937

数据来源：中国社会科学院城市与竞争力指数数据库、联合国经济和社会事务部《世界人口展望》（2010 年修订版）、世行报告《2030 年的中国：建设现代、和谐、有创造力的高收入社会》，以及中国社会科学院城市与竞争力研究中心、竞争力模拟实验室在全国范围内组织开展的问卷调查。

---

① 国土资源部（现改为自然资源部）发布的《国土资源部关于做好 2012 年房地产用地管理和调控重点工作的通知》显示，今后一个相当长的时期内中国土地供应政策的基调不变，住房用地供应计划总量原则上不低于过去五年年均实际供应量。

（二）模拟预测

在上述情景假定下，2015—2030 年中国城市住房需求的总体走势呈现出“上升—平稳—下降”的“倒 U 形”特征（见图 9－1），拐点大致出现在 2020—2025 年，届时中国城市的住房需求将不再具备快速增加的条件。2025 年后，四种情景模拟状态均显示出中国城市住房需求将会呈现总体下降的局面。其中，“高城市化率、低人口抚养比”和“低城市化率、高人口抚养比”情形分别对应中国城市住房需求的高位和低位水平。在高位水平下，中国城市住房需求的拐点将会出现在 2025 年以后，而低位水平下的拐点将会提前至 2020 年左右。根据世行报告显示，当前中国的劳动年龄人口占比已经达到历史的峰值水平，之后会进入一个长期下降的时期。未来 20 年内，中国的老年抚养比将会上升 1 倍左右；“单独二孩”政策的陆续放开再叠加 20 世纪 80 年代生育高峰期的“婴儿回声潮”，未来五年内年均新生儿数量将接近 1800 万人。也就是说，未来中国住房需求的变化模式极有可能按照“高城市化率、高人口抚养比”的情形变化。根据国际经验和前文分析结论可以发现，人口抚养比的这种长期上升趋势将会一定程度上导致住房刚性需求的下降，但由于高城市化率所带来的部分改善性需求，将会适度延缓城市总体住房需求的下降幅度。

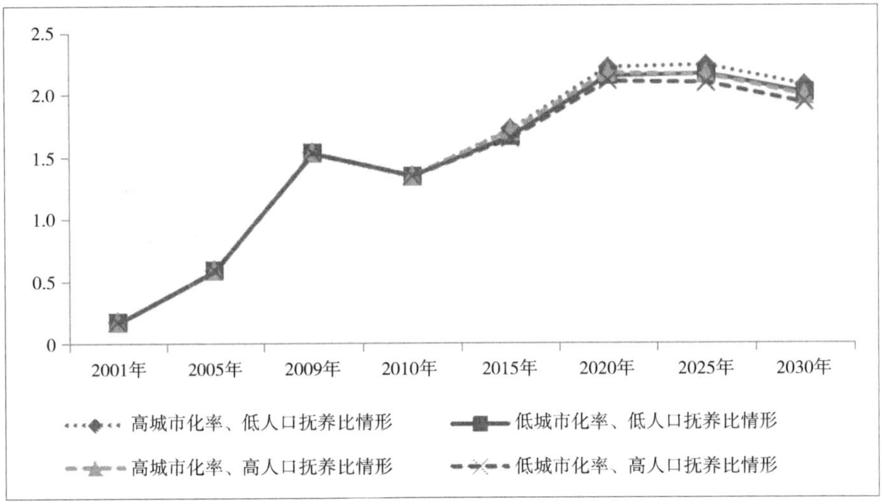

图 9－1　中国城市住房需求的情景模拟（2015—2030）

但是由于当前的劳动年龄人口占比已经位于历史的顶峰水平，未来人口年龄结构将呈现出老年人口比例持续升高、中青年人口比例持续下降的局面（见图 9－2）。根据前文的预测，2015—2030 年中国城市住房需求的总体走势将会呈现出“上升—平稳—下降”的“倒 U 形”特征。2025 年以后，中国城市的住房需求将不再具备快速增加的条件。因此，未来中国住房制度的综合配套改革目标：一方面要着眼于消化当前人口结构所引致的刚性需求和改善性需求，进一步抑制住房市场的投资投机性需求；另一方面，要对 2025 年后可能出现的人口结构“蘑菇云”① 风险有所预警。

① 有学者形象地将人口金字塔的形状和变化趋势比作“蘑菇云”，意为人口结构的剧烈变动有如原子弹爆炸产生的蘑菇云一样，将会对社会经济造成巨大冲击。有研究表明，2007 年美国“次贷危机”的集中爆发以及房地产泡沫的破灭，就与人口年龄结构的剧烈变动有关。

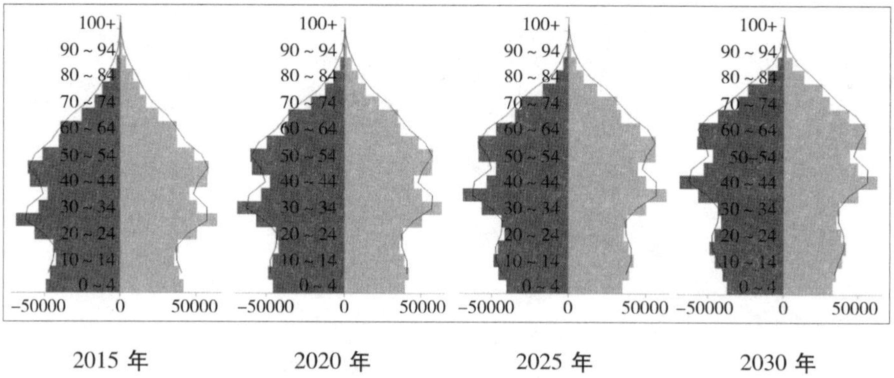

图 9－2　中国未来人口金字塔演化图景（2015—2030）

注：纵轴为各人口年龄段，横轴负方向为男性人口数量，正方向为女性人口数量（单位：千人）。

资料来源：作者根据联合国经济和社会事务部相关数据资料整理。

二、住房需求未来走势

受房地产市场周期、前期需求释放以及政策调控的多重影响，预计下一轮住房需求走势仍将面临总体回调的下行压力，但出现持续震荡、大幅下跌的概率较小。一方面，调控政策的力度和范围将保持延续性，对投资投机性需求及市场预期将会起到有效抑制的效果。特别是党的十九大报告提出“坚持房子是用来住的、不是用来炒的定位，加快建立多主体供给、多渠道保障、租购并举的住房制度”，进一步凸显了中央坚持调控不放松的坚强决心。另一方面，由于我国目前劳动年龄人口仍将维持高位，新型城镇化和去库存调控思路将继续推进，刚性需求和改善性需求还有进一步的释放空间。所以综合来看，未来短期内住房需求释放将呈现出稳中有降、局部释放的总体走势。

（一）投资投机性需求

从调控政策的深度和广度来看，2017 年 1—9 月全国相继有逾百个城市陆续出台了超过 200 项调控政策，从市场表现来看一定程度上有效抑制了部分投资投机性需求。但中国人民银行《全国储户问卷调查报告》显示，市场主体对楼市的长期稳定或下行预期并没有完全达成共识，市场主体的观望情绪仍十分浓厚。只要这种预期不发生变化，很难从根本上全面遏制投资投机性需求死灰复燃。截至 2018 年第三季度，个人按揭贷款与可支配收入之比上升至 111%。2018 年末，个人住房贷款余额为 25. 8 万亿元，占住户贷款的 53. 9%。居民长期高额举债购房所存在的风险应引起警惕，未来一旦收入或就业状况出现波动，家庭债务风险将迅速暴露，甚至可能引发房地产市场和宏观经济的较大波动。未来一段时间内，投资投机性需求主体有可能将目光由限购区域转向未限购区域，由调控物业类型转向未调控物业类型。因此，未来投资投机性需求在政策调控的影响下将会出现短期回落、市场预期缓慢调整的现象，而长期持续的回落将取决于稳健的货币政策、实体经济的恢复以及投资渠道的通畅。

（二）刚性需求

从短期来看，虽然近期热点城市房价水平涨幅回落，但仍超出许多刚性需求群体的购买支付能力。从长期来看，未来我国人口年龄结构将呈现出老年人口比例持续升高、中青年人口比例持续下降的局面（见图 9 - 3），人口刚性需求对住房市场的支撑力度将会逐步减弱。此外，由于住房刚性需求在近几年来的调控政策下已经得到很大程度释放，中国当前城镇家庭的住房自有率和人均住房面积已经接近或超过许多发达国家水平。但受近期出台的“购租并举”“共有产权”等住房市场长效机制建设的影响，未来一段时期内住房市场的刚性需求将会因各地政策的落地执行而出现需求增速缓慢回升的趋势，通过租赁市场和共有产权房等途径来实现刚性需求的“梯度释放”。

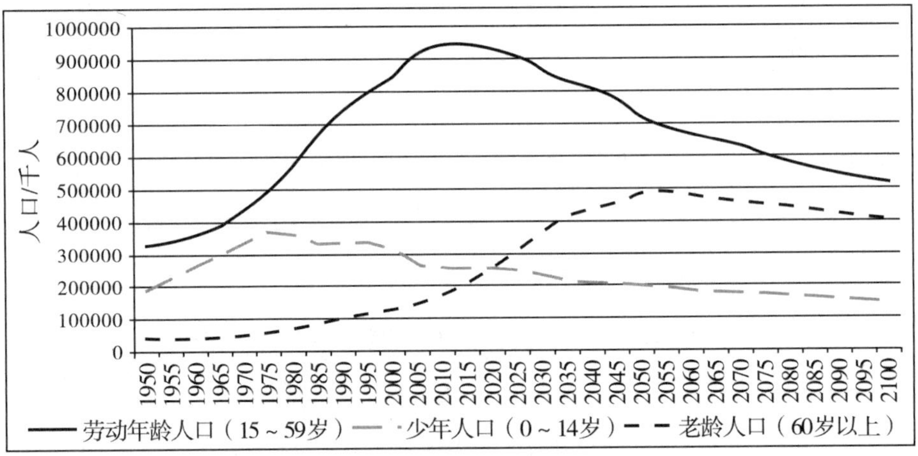

图9－3　中国人口年龄结构演化模拟与预测

资料来源：根据联合国经济与社会事务部人口司发布的《World Population Prospects 2019》计算，其中2020年后为中等生育率情景下的预测估计值。

（三）改善性需求

改善性需求群体由于买房的迫切性要低于刚性需求群体，而金融杠杆率一般要低于投资性需求群体，所以在近两年需求释放的过程中，改善性需求在一定程度上受到了刚性需求以及投资性需求的挤占，由此带来本轮周期内中小户型住宅销售状况要好于大户型住宅的市场表现。从中长期来看，由于现有购房年龄人口中处于改善性需求群体的年龄段比例较高，二孩政策的滞后影响开始显现，存量住房的房屋质量和舒适度有很大提升空间。“全面二孩”政策的实施，将使未来住房需求以三居室或四居室为主。因此，为了保证供需平衡，避免造成不必要的资源浪费，房地产开发企业在建筑设计商品房时，要结合城市家庭规模和家庭结构类型的变动趋势，推出相应户型的商品住宅。此外，随着城镇化和城市空间范围的拓展，职住不平衡问题也逐渐凸显，更好的区位条件和环境质量成为当前改善性需求群体追求的重要内容。综合人口结构和市场周期来看，未来一段时期内改善性需求释放将会逐步止跌回暖，成为未来中国住房需求结构的主体以及支撑市场走势的稳定载体。

（四）存量房需求

随着中国近些年来住房供给的持续增加，住房市场结构已经演变为巨大存量与有限增量的组合，住房的总量供给不足矛盾已经得到基本解决，但是存量住房分配的不平衡现象却开始凸显。在当前形势下，仍然坚持以增量为主的调控方式已不适应市场化需求，应保证在一定增量供给的前提下去积极盘活二手房市场和租赁市场的存量，以防止总量供给过剩而导致区域结构失调。2017 年，中央和地方相继出台多项鼓励和规范住房租赁的相关政策，并选取广州、深圳、南京、杭州等 12 个城市开展住房租赁市场试点，对各大城市的租赁市场产生了直接影响。此外，部分住宅需求缺口较大而办公楼商铺存量过剩的城市或将面临房地产开发结构的调整，商住房市场和二手房交易市场将会进一步规范和盘活。据东方证券研究报告预测，至 2030 年我国租赁人口将达 2.7 亿人，整体市场规模将达 4.2 万亿元，规模将是目前的 4 倍以上。而目前，我国住房租赁人口只占 11.6%，远低于发达国家和地区租赁市场约 30%的比例标准。随着城镇化率的逐年攀升、重点城市房价的持续高位运行以及政策层面对租赁市场的鼓励，我国未来住房租赁人口比例将会有所增加。综合来看，在二手房市场和租赁市场的健康发展方面，将会有一个较好的政策预期。但是由于中国目前的房租价格相对于房价而言仍相对偏低，并且住房租赁市场的供需矛盾短期内难以解决，所以在短期内房屋租赁价格将延续温和上浮的总体走势。

三、政策建议

（一）加快推进房地产市场长效机制建设

房地产调控的一个主要难点就在于如何区分刚性需求、改善性需求以及投资投机性需求。但从目前来看，中国还相对缺乏住房市场的有效数据和公开透明的市场信息，尤其是微观的市场调查数据。根据之前住建部的计划，住房信息系统建设在2012年加快推进并实现40个重点城市与住房和城乡建设部联网，2013年争取实现市域和省域内联网。但是在住房信息系统的建设过程中，也存在来自既得利益者的强大阻力。因此，在逐步推进完善不动产统一登记的同时，要以此为基础建立一个公开、有效、透明的统计信息体系，从技术上对刚性需求、改善性需求与投资投机性需求做出有效甄别，从而使得政府对市场的调控更能抓住根本，使调控政策更加精准、有效，加速建设健康有序的房地产市场。此外，要逐步建立和完善各有关调控部门的独立和联合新闻发布制度，及时公布政策信息和市场运行情况，杜绝房地产市场相关利益主体的炒作现象。

在个人住房信息登记联网的基础上，要加快推进房地产税立法进程并适时开征房地产税，在很大程度上增加投资投机者的持有成本和政策预期，使得房地产税取代土地出让金成为地方财政收入的主要稳定来源，用市场化的方式来进一步规范房地产市场相关主体的行为。为此，中央和地方有关部门应在总结重庆和上海房地产税征收试点经验的基础上，迎难而上，进一步推行房地产税立法和征收环节有关工作，将房地产税与个别房地产调控政策调整结合起来，同时尽快拟定出在全国范围内征收房地产税的时间表，加快征管制度改革步伐和征管机构、征管队伍的培训建设。总体而言，房地产税立法和开征要在保障基本居住需求的基础上，按照“轻交易、重保有”的总体原则，综合考虑房地产的价格、区位、面积、用途、年限和套型等因素，充分考虑各地的具体情况和各级各部门的主观诉求，确立合理、合法、合规的税率和征收额度，使得房地产税取代土地出让金成为地方财政收入的主要稳定来源，并发挥积极有效的市场调控作用。

（二）适时适度调整现行生育政策

根据历年人口年龄结构变化趋势，预计在 2020—2030 年，20 世纪 60 年代出生的逐年退休的劳动人口数量多于 21 世纪 00 年代出生的新增劳动人口数量，劳动年龄人口比例开始逐年减少、老龄化趋势和社会抚养比逐年上升。另外，这一阶段城镇化率处于 60% ～ 70% 并出现增速放缓趋势，而 20 世纪 50 年代人口离世所释放的城镇住房供给很有可能超过 21 世纪 00 年代步入成年所需要的城镇住房需求（杨华磊等，2015），由此在其他因素不变的条件下，新增城镇住房需求将继续逐年下降甚至出现负值。因此，当前“全面二孩”政策有必要进一步放开，有序全面放开生育限制甚至是鼓励家庭生育二孩，在生育保障、婴幼儿抚养、带薪产假政策等方面加大保障支持力度。与此同时，社会总和生育率的增加也会培育未来接续住房市场的刚性需求主体，从而有效防止中国住房市场出现大起大落的变化。

（三）加大户籍制度改革的力度和广度

截至2018年末，中国常住人口城镇化率已达到59.58%，户籍人口城镇化率已达到43.37%，两项指标已经非常接近于《国家新型城镇化规划（2014—2020年）》中提出的“2020年常住人口城镇化率达到60%左右，户籍人口城镇化率达到45%左右”的阶段目标。但从与其他国家的横向对比来看，虽然我国人均GDP水平目前已经进入中等偏上收入国家行列，但即便是以常住人口城镇化率口径来进行统计，我国的城镇化率仍低于中等偏上收入国家平均水平近6个百分点，远低于高收入国家平均城镇化率水平。如果以户籍人口城镇化率来进行横向比较，中国目前43.37%的户籍人口城镇化率甚至低于中低收入国家平均水平。

在人口生育率低、老龄化不断加速的人口结构形势下，新增城镇化人口将成为支撑房地产市场走势的稳定载体，而影响这部分群体需求释放的主要因素就在于户籍制度造成的有形和无形门槛。户籍制度涉及的内容、对象和性质，决定了渐进改革的方式难以从根本上满足现阶段的发展需求，也需要一次自上而下的顶层设计，让户籍制度彻底回归登记和人口管理功能、逐步剥离限制流动和福利附加功能，实现人口城乡间自由迁徙。在中央政府综合研究、统一制订改革方案的基础上，鼓励各地因地制宜制定农民工进城落户的具体办法，引导农业转移人口在城市落户的预期和选择。优先解决存量和本地人口的住房问题，优先解决进城时间长、就业能力强、可以适应城镇产业升级和市场竞争环境的外来人口。以合法稳定职业或稳定住所（含租赁）为基本落户条件，坚持自愿、分类、有序的原则，充分尊重农民意愿，对有能力、有意愿进城落户的农民工及其家属，鼓励其进城落户；对已经在城镇就业但就业不稳定、难以适应城镇要求或不愿落户的人口，逐步提高基本公共服务水平，努力满足其子女教育、医疗卫生、社会保障等需求。

（四）加快推进学区制度和随迁子女教育政策改革

居民的购房决策已发展成为许多家庭获得优质教育资源的一种重要机制，“为教育而购房”已成为当下包括农民工家庭在内的众多中国家庭的一项基本共识。许多国际经验和地方实践表明，因地制宜推进“多校划片”“租购同权”和“动态学区调整”等学区政策，会有效降低学区房热度和升值预期，对稳定热点学区房价产生积极的效果。针对流动人口随迁子女教育问题，要逐步将其纳入城镇教育发展规划和财政保障范畴，保障农民工随迁子女以公办学校为主接受免费义务教育；对未能在公办学校就学的采取政府购买服务等方式，保障农民工随迁子女在流入地接受免费义务教育的权利；要因地制宜实行公办学校标准化建设、教育财政转移支付机制、人才流动激励和校长教师轮换流动制，利用信息化手段扩大优质教育资源覆盖面，推进城乡义务教育均衡化发展；逐步完善农民工随迁子女在流入地接受中等职业教育免学费和普惠性学前教育的政策，制定实施农民工随迁子女接受义务教育后在流入地参加升学考试的办法，实现农民工随迁子女在流入地参加中考和高考。

（五）拓宽完善城镇住房保障体系

深入推进保障性安居工程建设，努力解决农业转移人口的居住问题，引导房地产业健康发展。增加中低价位、中小户型普通商品住房供给，加快构建以政府为主提供基本保障、以市场为主满足多层次需求的住房供应体系。严格落实各级政府住房保障责任，加大对棚户区和城中村的改造力度，与保障性住房建设相结合，努力满足外来人口、大学毕业生、住房困难家庭的基本居住需求。拓展资金渠道，建立各级财政保障性住房稳定投入机制，鼓励政策性金融机构扩大融资服务；完善住房用地供应机制，保障性住房用地应保尽保；调整布局结构，大城市尤其是特大城市要提高比重，中小城市要根据需求合理安排，加大面向产业集聚区的公共租赁住房建设力度；加强配套设施建设，完善管理运营机制。完善租赁补贴制度，廉租住房、公共租赁住房并轨运行；对城镇低收入和中等偏下收入住房困难家庭，实行租售并重。把符合条件的农业转移人口纳入城镇住房保障体系，与城镇户籍人口同等享受住房保障待遇。将稳定就业的农民工纳入住房公积金制度覆盖范围，支持农民工家庭购买普通商品住房。

（六）提升调控政策的精准识别度

党的十九大以来，在中央“房住不炒”的总体政策定位下，投资投机性需求的释放得到了有效遏制，但从调查数据来看市场主体的观望情绪仍十分浓厚。因此，要继续重点抑制投资投机性需求并有效保护刚性需求和改善性需求，加大对投资性购房需求的限制调控力度，提升房地产调控政策的精准识别度。适当提高个人购买豪华别墅、高档商品房或以投资为目的购买第二套普通住房的首付比例，对年轻群体的首套房刚需在首付比和贷款利率上予以适当政策倾斜，谨防限购、限贷等调控政策工具对所有的需求主体“胡子头发一把抓”。随着我国城市住房总量供给不足的矛盾逐渐转变为结构性失衡的矛盾以后，积极主动的房地产调控政策需要进一步激活存量市场，充分利用金融、税收等政策杠杆，支持和保护刚性需求、改善性需求群体。在住房供需矛盾严峻的一、二线城市，要充分发挥保障房、共有产权房和租赁房在满足刚需群体基本居住需求方面的积极作用。在住房增量供给比较紧张的城市，可以通过提升住宅质量、设计水平以及学校、医院等配套设施，来满足未来我国中产阶级群体壮大所带来的改善性需求的提高。

（七）充分释放存量房市场供需活力

在我国目前的住房形势下，仍然坚持以增量为主的调控方式已不适应市场化需求，应保证在一定增量供给的前提下去积极盘活二手房市场和租赁市场的存量，明确“租购并举”的住房市场长期发展思路，以防止总量供给过剩而导致区域结构失调。主要包括，通过“互联网+”手段倡导推行“共享住宅模式”，盘活闲置住宅资源、提高住宅使用效率。

与发达国家和其他金砖国家相比，中国的房价收入比明显偏高，而房租水平明显偏低。房租的稳定温和上涨，对于激发、释放存量房市场活力，建立“租售并举”的住房长效机制具有一定的积极意义。但是房租的过快上涨，会造成城市“夹心层”的生活负担过重，很大程度上引发市场的恐慌和负面情绪。为此，政府有关部门必须出台相关政策，有效遏制房租过快上涨。一是加快落实房租抵扣个人所得税政策，有效降低中低收入群体房租负担。二是根据住房支付困难指标设定房租控制指标，对房租占可支配收入比重过高、上涨过快的城市的政府相关部门，建立常态化的约谈和惩戒机制。三是加大租赁住宅用地的投放和开发力度，加快推进公租房建设力度，加快利用集体建设用地建设租赁住房的试点推广。四是建立政府租赁监管平台和租赁交易平台。如北京市推出的“1+N”模式，通过住房租赁监管平台链接嵌入住房租赁交易服务平台，加大对市场化中介交易平台的监管力度。对炒作哄抬房租、变相抬价加价的房屋中介机构和租赁平台，进行约谈并处以重罚，严厉打击各种炒作和违规交易行为。适时建设政府中介机构、租赁交易平台并定期发布公租房信息，严厉打击公租房的转租和变相抬价行为。五是对条件具备的地区，鼓励市有关部门成立国有房屋租赁经营机构，接受房屋所有权人或法律、法规规定的其他权利人的委托，集中开展房屋租赁经营；支持集体经济组织组建或委托房屋租赁经营机构，筹集本集体经济组织富余住房集中进行租赁经营管理；大力支持专门的房地产公司从事房地产租赁业务，实行承租者保护制度和长期合同制度，规范住房租赁的操作规定。六是推行“租购同权”政策、赋予承租者市民待遇，保障有固定职业、有纳税证明的承租者在社保、教育、医疗、就业等方面充分享有当地户籍市民的同等待遇。

（八）建立完善分类城市住房调控体系

我国当前的人口流动形势不仅体现为从农村到城市的迁移，由小城市和城镇向大中城市的空间集聚也是一个主要方面。“十三五”以后，城市化进程将呈现向一、二线城市倾斜的趋势，而三、四线城市的人口基本面将不具备快速扩张的基础。一线城市和人口基本面较好的二线城市将延续住房需求持续高涨的趋势，总体上呈现“量稳价增”的局面；其他二、三线城市将从规模扩张转为结构优化，总体步入“量减价稳”阶段；部分三、四线城市需求主体乏力，将会迎来一个“有量无价”的结构调整期。因此，要按照“控一线、稳二线、盘活三四线”的调控思路，建立与城镇化态势和人口流向相一致的分类城市住房调控体系，在土地指标、住房供给总量以及信贷政策方面，实行差异化的分类调控政策，有效防止出现结构性过剩与结构性短缺并存的现象。在部分人口流失严重的地区，可以尝试用地指标和宅基地、房屋使用权跨区域调配置换的可行性。在土地审批环节，各地应该适时调整住宅用地与工业用地、商服用地的供给比例，根据经济发展和人口结构状况制定中长期的土地和房地产供给规划，必要时可以尝试“商办改住宅”等房地产用途结构的调整。

参考文献

［1］陈斌开，徐帆，谭力．人口结构转变与中国住房需求：1999—2025——基于人口普查数据的微观实证研究［J］．金融研究，2012（1）．

［2］陈淑云．共有产权住房：我国住房保障制度的创新［J］．华中师范大学学报，2012（1）．

［3］陈晓维．经济适用房共有产权制度研究［D/OL］．大连：大连海事大学，2010［2018－10－14］．http://kns.cnki.net/KCMS/detail/detail.aspx?dbcode=CMFD&dbname=CMFD2010&filename=2010098407.nh&v=MTY2ODIyNkhyT3hGdFhNcUpFYlBJUjhlWDFMdXhZUzdEaDFUM3FUcldNMUZyQ1VSTE9mYitadEZ5L2xVcjdJVjE=.

［4］方友忠，马燕生．法国学区制的发展状况及启示［J］．世界教育信息，2015（19）．

［5］付珊珊．15个热点城市“租金地图”：北上深杭领跑合肥垫底［N］．中国房地产报，2017－11－13．

［6］高波，王文莉，李祥．预期、收入差距与中国城市房价租金“剪刀差”之谜［J］．经济研究，2013（6）．

［7］高波．房子的投资属性要降低［N］．人民日报，2014－07－24（13）．

［8］郭克莎，黄彦彦．从国际比较看中国房地产市场发展的问题

及出路［J］. 财贸经济，2010（1）.

［9］国家统计局. 2012年全国农民工监测调查报告［R/OL］.（2013－05－27）［2018－07－08］. http://www.stats.gov.cn/tjsj/zxfb/201305/t20130527_12978.html.

［10］国家统计局. 2013年全国农民工监测调查报告［R/OL］.（2014－05－12）［2018－07－08］. http://www.stats.gov.cn/tjsj/zxfb/201405/t20140512_551585.html.

［11］国家统计局. 2014年全国农民工监测调查报告［R/OL］.（2015－04－29）［2018－07－08］. http://www.stats.gov.cn/tjsj/zxfb/201504/t20150429_797821.html.

［12］国家统计局. 2015年农民工监测调查报告［R/OL］.（2016－04－28）［2018－07－08］. http://www.stats.gov.cn/tjsj/zxfb/201604/t20160428_1349713.html.

［13］国家统计局. 2016年农民工监测调查报告［R/OL］.（2017－04－28）［2018－07－08］. http://www.stats.gov.cn/tjsj/zxfb/201704/t20170428_1489334.html.

［14］韩嘉玲. 北京市流动儿童义务教育状况调查报告（续）［J］. 青年研究，2001（9）.

［15］韩文龙，刘灿. 共有产权的起源、分布与效率问题——一个基于经济学文献的分析［J］. 云南财经大学学报，2013（1）.

［16］胡婉旸，郑思齐，王锐. 学区房的溢价究竟有多大：利用“租买不同权”和配对回归的实证估计［J］. 经济学（季刊），2014（3）.

［17］境野健儿. 日本学者看中国农民工子女教育问题［EB/OL］.（2017－11－10）［2018－05－09］. http://www.rjjy.gov.cn/Article.aspx?TID=144&ID=2.

[18] 况伟大. 利率对房价的影响 [J]. 世界经济, 2010 (4).

[19] 孔行, 刘治国, 于渤. 使用者成本, 住房按揭贷款与房地产市场有效需求 [J]. 金融研究, 2018 (1).

[20] 李超, 万海远. 贫民住区改造与主观幸福感: 基于辽宁省六市的抽样调查 [J]. 财贸经济, 2013 (6).

[21] 李超, 万海远. 新型城镇化与人口迁转 [M]. 广州: 广东经济出版社, 2014.

[22] 李超, 倪鹏飞, 万海远. 中国住房需求持续高涨之谜: 基于人口结构视角 [J]. 经济研究, 2015 (5).

[23] 李超, 倪鹏飞. 中国住房需求走势预测: 未来二十年将剧烈变动 [J]. 经济参考报, 2015 - 08 - 24.

[24] 李超. 楼市"大分化"与应对之策 [J]. 银行家, 2016 (8).

[25] 李超. 投资性购房需求高涨的应对之策 [J]. 银行家, 2017 (8).

[26] 李超, 万海远, 田志磊. 为教育而流动: 随迁子女教育政策改革对农民工流动的影响 [J]. 财贸经济, 2018 (1).

[27] 李凤, 罗建东, 路晓蒙, 等. 中国家庭资产状况, 变动趋势及其影响因素 [J]. 管理世界, 2016 (2).

[28] 林江, 周少君, 魏万青. 城市房价、住房产权与主观幸福感 [J]. 财贸经济, 2012 (5).

[29] 梁立雨, 郭志强, 李军祥, 等. 中学学区对周边小区二手房房价的溢价分析——以深圳市为例 [J]. 北京大学学报 (自然科学版), 2019 (3).

[30] 骆永民. 城市化对房价的影响: 线性还是非线性? ——基于四种面板数据回归模型的实证分析 [J]. 财经研究, 2011 (4).

[31] 李宁. 开征房产税, 要考虑百姓"税负痛感" [EB/OL]. (2017 -

12－29)[2018－08－09]. http://www.sohu.com/a/213450280_100069664.

［32］刘学良，吴璟，邓永恒. 人口冲击，婚姻和住房市场［EB/OL］.（2012－09－20）［2019－08－02］. CFRN工作论文，http://www.cfrn.com.cn/getPaper.doid=3553.

［33］陆玉龙. 共有产权：经济适用房制度创新研究［J］. 中国房地信息，2005（9）.

［34］毛丰付，罗刚飞，潘加顺. 优质教育资源对杭州学区房价格影响研究［J］. 城市与环境研究，2014（2）.

［35］美国人口咨询局. 人口手册（中译本）［M］. 北京：中国人口出版社，2001.

［36］莫智，邓小鹏，李启明. 国外住房共有产权制度及对我国的启示［J］. 城市发展研究，2010（3）.

［37］倪鹏飞，李清彬，李超. 中国城市幸福感的空间差异及影响因素［J］. 财贸经济，2012（5）.

［38］倪鹏飞. 城市化进程中低收入居民住区发展模式探索［M］. 北京：社会科学文献出版社，2012.

［39］倪鹏飞. 中国住房发展报告（2012—2013）［M］. 北京：社会科学文献出版社，2012.

［40］倪鹏飞. 中国住房发展报告（2013—2014）［M］. 北京：社会科学文献出版社，2014.

［41］倪鹏飞. 中国住房发展报告（2016—2017）［M］. 广州：广东经济出版社，2017.

［42］倪鹏飞. 中国住房发展报告（2017—2018）［M］. 广州：广东经济出版社，2018.

［43］裴长洪，郑文. 我国制成品出口规模的理论分析：1985—

2030 [J]. 经济研究，2012 (11).

[44] 蒲火元，曹宗平，李超. 人口流动对中心城市房价的影响：以广州为例 [J]. 南方人口，2018 (5).

[45] 秦虹. 英国住房的共有产权制度 [J]. 城乡建设，2007 (9).

[46] 曲泽静，姚明. 政府与百姓共有产权住房模式定价机制探析——基于对江苏省淮安市实践的思考 [J]. 价格理论与实践，2010 (4).

[47] 任泽平，熊柴. 计生机构取消，或将全面放开生育，你生么? [EB/OL]. (2018 - 03 - 18) [2018 - 08 - 09]. http://money.163.com/18/0318/08/DD5S4R3O002581PP.html.

[48] 孙卫赤，青木，李珍，等. "学区房"在全球有冷又热、教育均衡成改革关键 [N]. 环球时报，2014 - 05 - 08.

[49] 孙伟增. 用数据说话：北京的学区房贵吗? [EB/OL]. (2017 - 04 - 06) [2018 - 05 - 06]. https://news.jnu.edu.cn/xzsj/2017/04/06/15402939938.html.

[50] 万广华，蔡昉. 中国的城市化道路与发展战略：理论探讨和实证分析 [M]. 北京：经济科学出版社，2012.

[51] 吴立群，宗跃光. 共有产权住房保障制度及其实践模式研究 [J]. 城市发展研究，2009 (6).

[52] 吴瑞君. 外来人口聚居区的教育问题及其管理创新研究——以上海为例 [J]. 华东师范大学学报（哲学社会科学版），2012 (4).

[53] 吴永宏. 中国城市住房保障制度设计与实践运行研究——以南通为例 [D/OL]. 甘肃：兰州大学，2013 [2018 - 10 - 14]. http://kns.cnki.net/KCMS/detail/detail.aspx?dbcode = CDFD&dbname = CDFD1214&filename = 1013242605.nh&v = MDk0MjViRzhITmZNc XBFYlBJUjhlWDFMdXhZUzdEaD-FUM3FUcldNMUZyQ1VSTE9mYitadEZ5L2xWTHJQVkYyNkg =.

[54] 徐建炜，徐奇渊，何帆．房价上涨背后的人口结构因素：国际经验与中国证据［J］．世界经济，2012（1）．

[55] 约翰·弗农·亨德森，雅克－弗朗索瓦·蒂斯．区域和城市经济学手册（第4卷）：城市和地理［M］．郝寿义，孙兵，殷存毅，等，译．北京：经济科学出版社，2012．

[56] 杨华磊，温兴春，何凌云．中国婴儿潮下的城镇住房需求［J］．中国经济问题，2015（2）．

[57] 杨华磊，温兴春，何凌云．出生高峰，人口结构与住房市场［J］．人口研究，2015（3）．

[58] 杨华磊．人口世代更迭对储蓄，房地产及其他资产的影响机制［J］．南方金融，2015（10）．

[59] 杨华磊，何凌云．人口迁移，城镇化与住房市场［J］．中国软科学，2016（12）．

[60] 袁力．诺亚财富研究报告：从人口结构看中国住房需求［R/OL］．(2011－06－03)［2018－08－07］．http://wenku.baidu.com/view/a701662759010202 07409cc2.html．

[61] 姚引妹．人口抚养比：理论与实际的偏离及修正［J］．中国人口科学，2010（6）．

[62] 张安全，张立斌，郭丽丽．性别比例失衡对房价的影响及其门槛特征［J］．财经科学，2017（5）．

[63] 赵奉军，邹琳华．自有住房的影响与决定因素研究评述［J］．经济学动态，2012（10）．

[64] 中国人民银行．全国储户问卷调查报告（2013年第四季度至2018年第三季度）［R/OL］．［2018－12－17］．http://www.pbc.gov.cn/diaochatongjisi/116219/116227/index.html．

[65] 张清勇，郑环环. 中国住宅投资引领经济增长吗？[J] 经济研究，2012（2）.

[66] 张牧扬，陈杰，石薇. 租金率折价视角的学区价值测度：来自上海二手房市场的证据[J]. 金融研究，2016（6）.

[67] 郑思齐，任荣荣，符育明. 中国城市移民的区位质量需求与公共服务消费：基于住房需求分解的研究和政策含义[J]. 广东社会科学，2012（3）.

[68] 郑思齐. 住房需求的微观经济分析[M]. 北京：中国建筑工业出版社，2007.

[69] 张翼. 农民工"进城落户"意愿与中国近期城镇化道路的选择[J]. 中国人口科学，2011（2）.

[70] 邹至庄，牛霖琳. 中国城镇居民住房的需求与供给[J]. 金融研究，2013（1）.

[71] AGRAWAL, ARUN. Common property institutions and sustainable governance of resources [J]. World Development, 2001（10）：1649－1672.

[72] ALCHIAN A A. Some economics of property rights [J]. Il Politco, 1965（30）：816－829.

[73] ALIPRANTIS D. Assessing the evidence on neighborhood effects from Moving to Opportunity [J]. Empirical Economics, 2017, 52（3）：925－954.

[74] ANDREWS D, SÁNCHEZ A. Drivers of homeownership rates in selected OECD countries [N]. OECD Economics Department Working Papers, 2011（849）.

[75] ANTONY BUGG-LEVINE, JED EMERSON. Impact investing: Transforming how we make money while making a difference [M]. New

York: Jossey-Bass, 2011: 12 –50.

[76] ATHER A, YIGIT A. Effects of immigration on house prices in Canada [J] . Applied Economics, 2012, 44 (13): 1645 –1658.

[77] BALAND J, PLATTEAU J P, HALTING. Degradation of natural resources : Is there a role for rural communities? [M]. Oxford: Clarendon Press, 1996.

[78] BARNHARDT S, FIELD E, PANDE R. Moving to Opportunity or Isolation? Network effects of a tandomized housing lottery in Urban India [J]. Cepr Discussion Papers, 2017, 9 (1): 1 –32.

[79] BATTISTIN E, NERI L. School accountability, score manipulation and economic geography [EB/OL] . (2017 –03) [2018 –07 –08]. http://conference. iza. org/conference_ files/SUM_ 2017/neri_ l25011.

[80] BAYER P, FERREIRA F, MCMILLAN R. A unified framework for measuring preferences for schools and neighborhoods [J] . Journal of political economy, 2007, 115 (4): 588 –638.

[81] BECKER G. An economic analysis of fertility [C]. In the Demographic and Economic Change in Developed Countries, Universities-National Bureau Conference Series No. 11, Princeton: Princeton University Press, 1964.

[82] BIRRELL B, HEALY E. How are skilled migrants doing? [J]. People and Place, 2008, 16 (1): 1 –20.

[83] BLACK S E. Do better schools matter? Parental valuation of elementary education [J]. Quarterly Journal of Economics, 1999, 114 (2): 577 –599.

[84] BLACK S E, MACHIN S. Housing valuations of school perform-

ance [J]. Handbooks in Economics, 2011, 3: 485 -519.

[85] BLOW L, NESHEIM L. Dynamic housing expenditure and household welfare [N]. CEMMAP working paper, 2010.

[86] BORSCH-SUPAN A. Household formation, housing prices, and public policy impacts [J]. Journal of Public Economics, 1986, 30 (2): 145 -164.

[87] BRASINGTON D M, HAURIN D R. Parents, peers, or school inputs: Which components of school outcomes are capitalized into house value? [J]. Regional Science and Urban Economics, 2009, 39 (5): 523 -529.

[88] DANIEL W BROMLEY, MICHAEL M CERNEA. The management of common property natural resources: some conceptual and operational fallacies [R]. Word Bank Discussion Paper, 1989.

[89] CELIA BILBAO-TEROL, VERÓNICA CAÑAL-FERNÁNDEZ. The price of secondary school quality: a hedonic approach [J]. Applied Economics Letters, 2013, 20 (7): 706 -709.

[90] CELLINI S R, FERREIRA F, ROTHSTEIN J. The value of school facility investments: Evidence from a dynamic regression discontinuity design [J]. Quarterly Journal of Economics, 2010, 125 (1): 215 -261.

[91] CHARLTON M, FOTHERINGHAM S, BRUNSDON C. Geographically weighted regression [N]. NCRM Methods Review Papers, NCRM/006, ESRC National Centre for Research Methods, 2006.

[92] CHETTY R, N HENDREN, L KATZ. The effects of exposure to better neighborhoods on children: New evidence from the Moving to Opportunity experiment [J]. American Economic Review, 2016, 106 (04): 855 -902.

[93] CHETTY R, SZEIDL M. The effect of housing on portfolio

choice [N]. Harvard University Working Paper, 2017.

[94] ABBIGAIL J CHIODO, HERNANDEZ-MURILLO, RUBEN, et al. Nonlinear effects of school quality on house prices [J]. Federal Reserve Bank of St. Louis Review, 2010, 92 (3): 185-204.

[95] CHIURI M, JAPPELLI T. Do the elderly reduce housing equity? An international comparison [J]. Journal of Population Economics, 2010, 23 (2): 643-663.

[96] JOHN M CLAPP, ANUPAM NANDA, STEPHEN L ROSS. Which school attributes matter? The influence of school district performance and demographic composition on property values [J]. Journal of Urban Economics, 2008, 63 (2): 451-466.

[97] CHUNG I H. School choice, housing prices, and residential sorting: Empirical evidence from inter-and intra-district choice [J]. Regional Science & Urban Economics, 2015, 52: 39-49.

[98] COLLINS C A, KAPLAN E. Capitalization of school quality in housing prices: evidence from boundary changes in shelby county, TN [J]. American Economic Review, 2017, 107.

[99] DANIEL C, HENK F. Immigration and urban housing market dynamics: The Case of Haifa [J]. Annals of Regional Science, 2011 (3): 585-598.

[100] DAVID H. Kingdom of the netherlands-netherlands: Selected issues [J]. IMF Country Report, 2005 (5): 122-134.

[101] DAVIDOFF I, LEIGH A. How much do public schools really cost? Estimating the relationship between house prices and school quality [J]. Economic Record, 2008, 84 (265): 193-206.

[102] DAVIS M A, GREGORY J, HARTLEY D A, et al. Neighborhood choices, neighborhood effects and housing vouchers [M]. Social Science Electronic Publishing, 2017.

[103] DEMSETZ H. The structure of corporate ownership: Causes and consequences [J]. The Journal of Political Economy, 1985 (6): 1155 - 1177.

[104] DENT S. The next great bubble boom: How to profit from the greatest boom in history: 2005—2009 [M]. Simon and Schuster, 2004.

[105] DHAR P, ROSS S L. School district quality and property values: Examining differences along school district boundaries [J]. Journal of Urban Economics, 2012, 71 (1): 18 - 25.

[106] DIPASQUALE D, WHEATON W C. Housing market dynamics and the future of housing prices [J] . Journal of Urban Economics, 1994, 35 (1): 1 - 27.

[107] DIVENTI. Fannie mae and freddie mac: Past, present, and future [J]. Journal of Policy Development and Research, 2009, 11 (3).

[108] ERMISCH J. Prices, parents, and young people's household formation [J]. Journal of Urban Economics, 1999, 45 (1): 47 - 71.

[109] FACK G, GRENET J. When do better schools raise housing prices? Evidence from Paris public and private schools [J] . Journal of Public Economics, 2010, 94 (1): 59 - 77.

[110] FAIR R C. Disequilibrium in housing models [J]. Journal of Finance, 1972, 2: 207 - 221.

[111] FENG H, LU M. School quality and housing prices: Empirical evidence from a natural experiment in Shanghai, China [J]. Journal of Housing Economics, 2013, 22 (4): 291 - 307.

[112] FILIPA SÁ. Immigration and house prices in the UK, Discussionpaper series [EB/OL] //Forschungsinstitut zur Zukunft der Arbeit, No. 5893, http://nbn - resolving. de/urn:nbn:de:101:1—201108093247.

[113] FISHER L M, A J JAFFE. Determinants of international homeownership rates [J]. Housing Finance International, 2003, 51: 34 -42.

[114] FRIEDMAN M. A theory of the consumption function [M]. Princeton: Princeton University Press, 1957.

[115] GIOVANNI J, MATSUMOTO A. The value of human capital wealth [N]. International Monetary Fund Working Paper, 2010.

[116] GLAESER E L, KOLKO J, SAIZ A. Consumer city [J]. Journal of Economic Geography, 2001, 1 (1): 27 -50.

[117] GLAESER E L, A SAIZ. The rise of the skilled city [N]. NBER Working Paper, 2003 (10191).

[118] GLAESER E, GYURKO J. Urban decline and durable housing [J]. Journal of Political Economy, 2005, 113 (2): 345 -375.

[119] GLAESER E L, GYOURKO J, SAKS R E. Urban growth and housingsupply [J]. Journal of Economic Geography, 2006 (6): 71 -89.

[120] GRILICHES Z. Hedonic prices for antomobiles: An exonometric analysis of quality change [R]. In the Price Statistics of the Federal Government, General Series No. 73, New York: Columbia University Press for the National Bureau of Economic Research, 1961.

[121] GRONAU R. The Effect of children on the housewife's value of time [J]. Journal of Political Economy, 1973, 81 (2): 168 -199.

[122] HAURIN D, HENDERSHOTT P H, KIM D. The impact of real rents and wages on household formation [J]. Review of Economics and

Statistics, 1993, 5: 284 -293.

[123] HEROLD M. Issues in latino education: Race, school culture, and the politics of academic success [M] . Allyn and Bacon, New York, 2003.

[124] HOLLAND A S. The baby boom and the housing market: Another look at the evidence [J]. Regional Science and Urban Economics, 1991, 21 (4): 565 -571.

[125] HOLLY S, PESARAN M H, YAMAGATA T A. Spatio-temporal model of house prices in the USA [J] . Journal of Econometrics, 2010, 158 (1): 160 -173.

[126] HOLLY S, PESARAN M H, YAMAGATA T. The spatial and temporal diffusion of house prices in the UK [J] . Journal of Urban Economics, 2011, 69 (1): 2 -23.

[127] Homes and communities agency, council of mortgage lenders, national housing federation [R]. Shared ownership: Joint guidance for England. 2009.

[128] HUANG Y, CLARK W A V. Housing tenure choice in transitional urban china: a multilevel analysis [J] . Urban Studies, 2002, 39 (1): 7 -32.

[129] HUI ECM, ZHENG X, HU J. Housing price, elderly dependency and fertility behavior [J]. Habitat International, 2011, 36 (2): 304 -311.

[130] HUSSAR W, SONNENBERG W. Trends in disparities in school district level expenditures per pupil [R]. NCES 2000 -020.

[131] IMBERMAN S A, LOVENHEIM M F. Does the market value value-added? Evidence from housing prices after a public release of school

and teacher value-added [J]. Journal of Urban Economics, 2016, 91: 104 -121.

[132] JAIN R. Houses turn gold as prices skyrocket [J] . Money Today, 2011 (10): 2.

[133] JUNHUA CHEN, FEI GUO, YING WU. One decade of urban housing reform in China: Urban housing price dynamics and the role of migration and urbanization, 1995—2005 [J] . Habitat International, 2011 (35): 1 -8.

[134] KARANTONIS A. The underlying fundamentals of housing affordability: the Sydney dynamics [C/OL]. PRRES, 2009 [2018 -08 -07]. http://epress. lib. uts. edu. au/research/bitstream/handle/10453/11326/2009000835.

[135] KATZ L, J KLING, J LIEBMAN. Moving to opportunity in Boston: early results of a randomized mobility experiment [J]. Quarterly Journal of Economics, 2001, 116: 607 -654.

[136] STEGER T M, KNOLL K, SCHLARICK M. No price like home: global house prices, 1870—2012 [J]. The American Economic Review, 2017, 107 (2): 331 -353.

[137] LARSEN E. What may eventually limit rising house prices? Evidence from engel elasticities and budget shares of housing [J] . Housing Theory & Society, 2010, 27 (1): 95 -108.

[138] LA V. Capitalization of school quality into housing prices: Evidence from Boston Public School district walk zones [J]. Economics Letters, 2015, 134: 102 -106.

[139] LEE C C. The impact of the crime rate and star schools on house prices: An analysis of spatial dependence [J]. International Journal of Eco-

nomics & Finance, 2013, 6 (1).

[140] LEE G S, SCHMIDT-DENGLER P, FELDERER B, et al. Austrian demography and housing demand: Is there a connection [J]. Kluwer Academic publishers, 2001: 259 -276.

[141] LEIBENSTEIN H. Economic backwardness and economic growth [J] . Studies in the Theory of Economic Development. population, 1957, 126 (1): 1349 -1350.

[142] LEVENTHAL T, BROOKS-GUNN J. The early impacts of moving to opportunity on children and youth in New York city [R]. Mimeo Columbia University Teachers College, Center for Children and Families, 2002.

[143] LINDENTHAL T, EICHHOLTZ P. Demographics, human capital, and the demand for housing [R]. (2010 -12 -17) [2018 -05 -11]. http://nilskok.typepad.com/EPRI/EL_ WP_ 2010.pdf.

[144] LIU J, C XING. Migrate for education: An unintended effect of school district combination in rural China [J]. China Economic Review, 2016, 40: 192 -206.

[145] LUDWIG J, G DUNCAN, P HIRSCHFIELD. Urban poverty and juvenile crime: evidence from a randomized housing-mobility experiment [J]. Quarterly Journal of Economics, 2001, 116: 655 -680.

[146] LUDWIG J, DUNCAN G J, GENNETIAN L A, et al. Long-term neighborhood effects on low-income families: evidence from Moving to Opportunity [J]. American Economic Review, 2013, 103 (3): 226 -231.

[147] MANKIW N G, WEIL D N. The baby boom, the baby bust, and the housing market [J]. Regional Science and Urban Economics, 1989, 19 (2): 235 -258.

[148] MARTIN BROWNING, METTE GØRTZ, SØREN LETH-PETERSEN. House prices and consumption: A micro study [R/OL]. Work in progress, 2008 [2018-08-07]. http://www.ecb.int/events/pdf/conferences/ecb_ cfs_ conf/Goertz_ Browning_ Leth.pdf.

[149] MCFADDEN, DANIEL. Demographics, the housing market, and the welfare of the elderly in Studies [M] //. In the Economics of Aging, edited by David A. Wise. Illinois: University of Chicago Press, 1994.

[150] MMLTZER A H. Credit availability and economic decisions: Some evidence from the mortgage and housing markets [J]. Journal of Finance, 1974, 29 (3): 763-777.

[151] MULDER C H, WAGNER M. The connections between family formation and first-time home ownership in the Context of West Germany and the Nether-Lands [J]. European Journal of Population, 2001: 137-164.

[152] MULDER C H, BILLARI F C. Homeownership regimes and low fertility [J]. Housing Studies, 2010, 25 (4): 527-541.

[153] MUTH, RICHARD F. The demand of non-farm housing [M] //In harberger A. C., eds., The Demand for Durable Goods, Chicago, IL: University of Chicago Press, 1960.

[154] NEUTEBOOM P, BROUNEN D. Demography and housing demand-dutch cohort evidence [N]. Erasmus University Working Paper, 2007.

[155] NGUYEN-HOANG P, YINGER J. The capitalization of school quality into house values: A review [J]. Journal of Housing Economics, 2011, 1: 30-48.

[156] OHTAKE F, AND SHINTANI M. The effect of demographics on the japanese housing market [J]. Regional Science and Urban Econom-

ics，1996（26）：189－201.

[157] OLIVER BISCHOFF. Explaining regional variation in equilibrium real estate prices and income [J]. Journal of Housing Economics，2012，21（1）：1－15.

[158] OLSEN E O. A competitive theory of the housing market [J]. American Economic Review，1969，59（4）：612－622.

[159] OSTROM E，HESS C. Private and common property rights [N]. Working Paper，2007.

[160] PAYNE J，PAYNE G. Housing pathways and stratification：A study of life chances in the housing market [J]. Journal of Social Policy，1977，6（2）：129－156.

[161] POTERBA J M. Tax subsidies to owner-occupied housing：An asset-market approach [J]. The Quarterly Journal of Economics，1984，99（4）：729－752.

[162] RASMUSSEN，DAVID W，ZUEHLKE，et al. On the choice of functional form for hedonic price functions [J]. Applied Economics，1990. 22（4）：431－438.

[163] RAY BARRELL，SIMON KIRBY. Real house prices in the UK [J]. National Institute Economic Review，2011（216）：62－68.

[164] RIES，JOHN，SOMERVILLE，et al. School quality and residential values：evidence from Vancouver zoning [J]. Review of Economics and Statistics，2010，92（4）：928－944.

[165] ROSEN S. Hedonic prices and implicit markets：product differentiation in pure competition [J]. Journal of Political Economy，1974，82（1）：34－55.

[166] ROSEN S. Markets and diversity [J]. American Economic Review, 2002 (92): 1 –15.

[167] ROSENBAUM E. Changing the geography of opportunity by expanding residential choice: Lessons from the gautreaux program [J]. Housing Policy Debate, 1995, 6 (1): 231 –269.

[168] ROSENTHAL L. The value of secondary school quality [J]. Oxford Bulletin of Economics & Statistics, 2003, 65 (3): 329 –355.

[169] SAH V, CONROY S J, NARWOLD A. Estimating school proximity effects on housing prices: The importance of robust spatial controls in hedonic estimations [J]. Journal of Real Estate Finance & Economics, 2016, 53 (1): 50 –76.

[170] SAIZ ALBERT. Immigration and housing rents in American cities [N]. FRB of Philadelphia working paper, 2003.

[171] SAMPSON R. Moving to inequality: Neighborhood effects and experiments meet social structure [J] . American Journal of Sociology, 2008, 114: 189 –231.

[172] SCHWARTZ A F. Housing policy in the united states [J] . Washington: Library of Congress Cataloging in Publication Data, 2010: 254 –258.

[173] SELIGMAN M E P, PARKS A C, STEEN T. A balanced psychology and a full life, in huppert, F. A.; Keverne, B. and baylis, N. (eds.): The Science of Well-being [M]. Oxford University Press, 2006: 1379 –1381.

[174] SILOAS P. Housing, portfolio choice and the macroeconomy [J]. Journal of Economic Dynamic and Control, 2007 (31): 2774 –2891.

[175] TSE R Y C. Real estate Economics: Theory and policy with reference to Hong Kong, Singapore and Taiwan [M]. EIA Publishing, 1994.

[176] UN-HABITAT. State of the world's cities 2010/2011—Bridging the urban divide [R]. Malta: Gutenberg Press Ltd, 2012: 5-10.

[177] VANSTEENKISTE ISABEL, HIEBERT PAUL. Do house price developments spillover across Euro Area Countries? Evidence from a Global VAR [J]. Journal of Housing Economics, 2011, 20 (14): 299-314.

[178] WEI SHANGJIN, ZHANG XIAOBO, LIU YIN. Status competition and housing prices [N]. NBER Working Paper, 2012.

[179] WEN H, XIAO Y, ZHANG L. School district, education quality, and housing price: Evidence from a natural experiment in Hangzhou, China [J]. Cities, 2017, 66: 72-80.

[180] WILLIS R. A new approach to the economic theory of fertility behavior [J]. Journal of Political Economy, 1973, 81 (2): 14-64.

[181] WU Q, ZHANG X, WALEY P. Jiaoyufication: When gentrification goes to school in the Chinese inner city [J]. Urban Studies, 2016, 53 (16): 3510-3526.

[182] YINGER J. Hedonic markets and explicit demands: Bid-function envelopes for public services, neighborhood amenities, and commuting costs [J]. Journal of Urban Economics, 2015, 86 (3): 9-25.

[183] ZAHIROVOC-HERBERT, VELMA, TURNBULL, et al. School quality, house prices and liquidity [J]. Journal of Real Estate Finance and Economics, 2008. 37 (2): 113-130.